全国小学生校园美文精品集萃丛书

七色阳光 小少年

没有眼泪的鱼

《语文报》编写组 编

时代文艺出版社

图书在版编目（CIP）数据

没有眼泪的鱼／《语文报》编写组编．—长春：时代文艺出版社，2018.8（2023.6重印）
（"七色阳光小少年"全国小学生校园美文精品集萃丛书）
ISBN 978-7-5387-5840-5

Ⅰ.①没… Ⅱ.①语… Ⅲ.①作文－小学－选集 Ⅳ.①H194.4

中国版本图书馆CIP数据核字（2018）第110003号

出 品 人	陈 琛
产品总监	郭力家
责任编辑	徐 薇
装帧设计	孙 利
排版制作	隋淑凤

本书著作权、版式和装帧设计受国际版权公约和中华人民共和国著作权法保护
本书所有文字、图片和示意图等专有使用权为时代文艺出版社所有
未事先获得时代文艺出版社许可
本书的任何部分不得以图表、电子、影印、缩拍、录音和其他任何手段
进行复制和转载，违者必究

没有眼泪的鱼
《语文报》编写组 编

出版发行／时代文艺出版社
地址／长春市福祉大路5788号　龙腾国际大厦A座15层　邮编／130118
总编办／0431-81629751　发行部／0431-81629758
官方微博／weibo.com／tlapress
印刷／北京一鑫印务有限责任公司
开本／700mm×980mm　1／16　字数／153千字　印张／11
版次／2018年8月第1版　印次／2023年6月第5次印刷　定价／34.80元

图书如有印装错误　请寄回印厂调换

编 委 会

主　编：刘应伦

编　委：刘应伦　赵　静　李音霞
　　　　郭　斐　刘瑞霞　王素红
　　　　金星闪　周　起　华晓隽
　　　　何发祥　朱晓东　陈　颖
　　　　段岩霞　刘学强

本册主编：李春梅　许　莉

目 录

梦里回到芦苇滩

梦里回到芦苇滩 ……… 李海瑜 / 002

关于"魔术师"的秘密 ……… 周靖迪 / 004

"变化多端"的稻谷 ……… 丘雅亿 / 005

我见到了大草原 ……… 张东霆 / 007

帮泥娃娃洗澡 ……… 郭嘉欣 / 008

小鬼当家，大战饺子 ……… 牟诗涵 / 009

蜗牛的坚持 ……… 郭慧敏 / 010

威震八方的"砍价神功" ……… 周子涵 / 012

奶奶的缝纫机 ……… 计英雄 / 014

古镇老街 ……… 陈韩斌 / 015

踏上妈妈上班之路 ……… 黄安萌 / 017

第一次打车 ……… 孙　韵 / 018

爸爸的爱有多少斤 ……… 吴　文 / 019

大连金石园 ……… 高冰鑫 / 021

黄龙溪古镇 ……… 高小卓 / 022

菠萝的小秘密 ……… 罗成润 / 023

郭郭养蝈蝈 ……… 郭若铭 / 025

趣多多·笑哈哈 ……… 夏　滨 / 026

烤土豆 ……… 徐世睿 / 028

给爷爷"画"眼镜 ……… 司嘉欣 / 029

生命七彩虹

"二胡" ……… 胡鸿飞 / 032

鸟儿的智慧 ……… 曾璐瑶 / 034

种糖 ……… 佘心怡 / 035

睡意蒙眬中的洗衣声 ……… 黄宇威 / 036

短暂的穿越 ……… 曹可乐 / 038

不必说出的爱 ……… 胡俊峰 / 039

怪异的体育课 ……… 林诗源 / 040

侃侃教室里的座位 ……… 王春雨 / 042

风景这边独好 ……… 何　洁 / 044

叶子来比美 ……… 朱咏妍 / 045

来去匆匆的暴风雨 ……… 王晓宇 / 046

第一次当妈妈 ……… 胡杰楠 / 048

给那个司机点赞 ……… 缪雯叶 / 049

洗校服的记忆 ……… 严　寒 / 051

我喜欢的汉字 ……… 陈奕瑄 / 053

街头"小吃家" ……… 刘文转 / 054

挽回那一缕微笑 ……… 唐欣茹 / 056

记忆中的年糕 ……… 王昕悦 / 057

小卖部，我来了！ ……… 张哲露 / 059

寄宿生活交响曲 ……… 严　娟 / 060

存钱也"怕怕" .... 刘永奇 / 062

龙井"问茶" .... 苏依晨 / 064

妈妈的"赶紧"生活 .... 朱永旭 / 065

生命七彩虹 .... 张瑾茹 / 067

我尝到了倒数第一的滋味 .... 梁紫蔚 / 068

是金子总会花光的 .... 王雨晴 / 070

怪老师"小东北" .... 王 栋 / 071

交作业那点事儿 .... 刘付希 / 072

一笑泯恩仇

外婆家的"花菜" .... 司莉茹 / 076

蚂蚁摔不死的奥秘 .... 贺清翔 / 077

爸爸的爱是一杯水 .... 涂 雪 / 078

窗子跳槽 .... 孙承迪 / 079

有一种困难叫起床 .... 姚子涵 / 081

大战"绿魔头" .... 余欣洛 / 082

月夜 .... 黄渝敏 / 084

我和机器车 .... 蒋 奕 / 085

和妈妈一起采茶 .... 林惠琪 / 086

食堂事件小记 .... 周娇娇 / 088

一笑泯恩仇 .... 田雨路 / 090

特殊的生日礼物 .... 张轲轩 / 091

我坐"飞鸡"了 .... 张晓光 / 093

煮饺子 .... 徐海洋 / 094

我们班的"黑旋风" .... 刘 威 / 096

赛场上的"蹦迪先生" .... 游 馨 / 097

出发，和书一起旅行 .... 李媛捷 / 099

猫眼看家 .... 张译文 / 100

我学闰土来捕鸟 .... 倪金波 / 101

醉小狗 .... 周倩竹 / 103

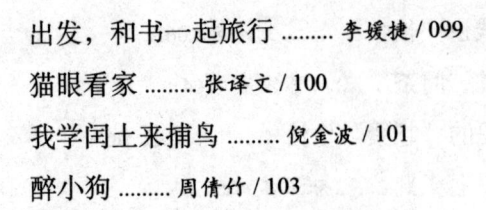

那抹微笑，牵动我的情思

大将军的现代之旅 .... 谭杰文 / 106

飞饼王 .... 那就成 / 107

这小妹妹真棒 .... 王虹瑾 / 109

好朋友 .... 邱子夏 / 110

心灵感应 .... 喻缤华 / 112

马路表演 .... 陈 乐 / 113

礼物大作战 .... 朱毅然 / 115

想念你 .... 夏嘉蔚 / 116

大厨终于出徒了 .... 彭诗童 / 117

你能告诉我，真好 .... 陈美玲 / 119

头发的爱好 .... 黎 姿 / 120

不同的星光 .... 苗子扬 / 122

湖上观景 .... 黄悠轩 / 123

外公网购礼物 .... 丁韦林 / 125

妈妈是气象观测员 .... 吕晨希 / 126

那抹微笑，牵动我的情思 .... 尚明月 / 129

萝卜的梦想 .... 刘 溪 / 130

马路上的"奥运会" .... 杭逸晨 / 132

那流淌在记忆里的淄河水 .... 李旭辉 / 133

姥姥家的歌唱家 .... 刘 森 / 135

难以自拔

我和老师撞衫了 .... 陈　珏 / 138

难以自拔 .... 缪林涵 / 139

第一次做酒店服务生 .... 施劲宇 / 141

公交二三事 .... 霍思域 / 142

奇妙的鸟语林 .... 郑睿婕 / 144

邻居家的报纸 .... 徐嘉予 / 145

为什么提笔忘字 .... 胡博文 / 147

我走进了谷仓 .... 田昊飞 / 148

人生的第一次理财 .... 周露阳 / 149

饺子里吃出"钱" .... 耿天乐 / 151

学霸生病了 .... 余木森 / 152

当个班长真不容易 .... 王　宇 / 154

惩猫记 .... 陆智杰 / 156

与众不同的朋友 .... 曹家妮 / 157

小山村的见闻 .... 黄周行 / 158

我和同桌 .... 郭施雯 / 159

"啪——"？！ .... 张炜哲 / 160

我从哪里来 .... 邓小亮 / 162

假如我是风 .... 盖凯欣 / 163

做个才子真绝代 .... 戴佳荣 / 165

梦里回到芦苇滩

　　一场春雨过后,芦苗精神起来,尽情地享受着春雨的滋润,呼吸着新鲜的空气。芦苗悄悄地生长着,生长着,呈现出"蒌蒿满地芦芽短"的诗境。

梦里回到芦苇滩

李海瑜

我小时候跟奶奶住,奶奶家在黄河岸边,那里有一片令我难忘的芦苇滩。芦苇滩一年四季的景色都特别迷人。

早春,冰雪消融,芦苗就钻破刚刚解冻的土壤,慢慢露出尖尖的"脑袋"。一场春雨过后,芦苗精神起来,尽情地享受着春雨的滋润,呼吸着新鲜的空气。芦苗悄悄地生长着,生长着,呈现出"蒌蒿满地芦芽短"的诗境。站在岸边,放眼望去,芦苇滩一片嫩绿。

夏天,骄阳似火,火辣辣的太阳晒得人难受,芦苇却越长越高,越长越有精神,再贫瘠的土地也扼杀不了它旺盛的生命力。在一人多高的苇秆上长满了苇叶,一簇堆在另一簇上面,彼此间不留一点儿空隙。每当微风吹过,芦苇就摇摆不定,远远望去,就像青绿的大海上涌起了波浪,此起彼伏。侧耳细听,"大海"里的苇叶发出"沙沙沙"的声音,就像苇叶低沉的大合唱。当苇叶长得又长又宽的时候,我和小伙伴就来采集苇叶,取一片苇叶做成哨子,吹出优美的哨音。再用几片苇叶做成"风车",插在苇秆上,对着风吹来的方向,简易的风车就会时快时慢地转动起来。我们还把苇叶做成一只只小船,放在小溪里比赛,看看谁的"小船"行进得最快。比赛结束时,胜利者总会露出开心的微笑,大喊着:"我赢了,我得冠军了!"欢呼声在

溪边久久回荡。端午节来临时，大人小孩儿都挎着篮子，来芦苇滩采摘苇叶，回家包粽子。用苇叶包的粽子又好看又香甜。

　　秋天，芦花开了，苇叶黄了。黄绿色的芦苇上好像盖上了一层白雪，风一吹，鹅毛般的苇絮，就飘飘悠悠地飞起来，犹如冬天里正在飞舞着的雪花。秋天也是螃蟹活跃的时期。它们有的爬到苇秆上，有的藏进洞里，有的躲在碎石下面。"走了，捉螃蟹去了！"一声吆喝之后，我和小伙伴们便带上网袋，赤着脚钻进苇丛里。螃蟹一见我们，就四处逃窜。若是不小心被我们拦住了去路，它们就停下身，瞪起眼睛，挥舞着两只大钳子，向我们"示威"。我们一点儿也不怕它们，我们先用左手摁住它们的背壳，然后用右手的大拇指和食指，从钳子的后方绕过去，抓住它们的背，任凭螃蟹的钳子再乱舞，也无能为力了。半天工夫，我们就提着满满一网袋螃蟹回家了。午饭或晚饭时，准能吃上香喷喷的蒸螃蟹或煎螃蟹。

　　冬天，人们把芦苇收割了，送到苇箔厂里，做成盖房子用的苇箔，或做成苇帘、苇席。芦苇滩变得光秃秃的，厚厚的枯叶，会化成明年的肥料。扒开枯叶，挖出几根芦根，洗干净了，放在嘴里嚼一嚼，会有一种甜甜的味道。

　　现在的我，总想起那一片芦苇滩，想起那里的小伙伴们。我喜欢那片神奇的带给我快乐的芦苇滩，梦里也想回到那里。

关于"魔术师"的秘密

周靖迪

不知什么时候,我们社区新来了一位"帅小伙"。它身高大约两米,穿着雪白的西装,系着绿色的领带,别提多神气了。你可别小瞧它,它可是一位神通广大的魔术师。

它有两只非常特殊的"眼睛","左眼"显示出水量和金额,"右眼"由红绿色的按钮组成,绿色表示灌装,红色表示暂停。中间还有一个蓝色的"鼻子",那是刷卡区。最奇怪的是它的"嘴",平时闭得紧紧的,只有用磁卡单击"鼻子","大嘴"才会自动张开。这时你可以把桶放进去,单击灌装键,水立刻喷涌而出,并伴随着美妙的音乐。等接到半桶水时,它会自动关闭,音乐随之停止。如果你想继续接水,可以再按一次。

这水是从哪来的?我百思不解。售水阿姨笑眯眯地打开后盖,帮我解开了疑团。原来里面有一根白色的长管子,一头连在自来水管上,另一头连在它的"胃"上。它可真是名副其实的"大胃王",有四个深蓝色又粗又长的"胃",它们分别是五微米PP棉、颗粒活性碳、后置PP棉滤芯、一微米PP棉滤芯。它们的主要作用是滤除水中杂质、异味,进一步保护RO膜。"胃"的左边还有两个小桶,上面是酸碱平衡滤芯,下面是矿活化滤芯,它们的主要作用是补充矿物质,

使水呈弱碱性。右边是口感调节滤芯、RO反渗透膜，它们的作用是利用反渗透滤除细菌、重金属等，并能调节口感。只要自来水一经过它的胃的净化，就神奇地变成了甘甜可口的纯净水了。

自从有了这种水后，我们家的生活发生了很大的变化。妈妈用它做出来的米饭又松又软，香喷喷的；磨出来的豆浆更有味道了，让人怎么也喝不够。以前我喝生水很容易拉肚子，现在喝了净化水后，再也不用担心了。

这位大名鼎鼎的魔术师就是一种反渗透直饮水设备。怎么样，它特神奇吧！

"变化多端"的稻谷

丘雅亿

星期六，我和妈妈来到了宁静的田野观察稻谷。

上午　天气：中雨

天空飘起了蒙蒙细雨。我和妈妈撑着伞，边走边听细雨姑娘唱着美妙的歌。在歌声里，不知不觉就来到了宁静的稻田。

虽然有些雨，但丝毫没有损害稻谷英俊的样子。他们留着一根根长长的辫子，身穿金黄色的盔甲，在雨中挺立着，像一位位英勇的士兵。

雨越下越大了，士兵们身上沾满了水珠，但却越发精神了！雨水打在他们身上发出"滴滴答答"的声音，真动听……

中午　天气：雨转阴

极短的上午一下子就过去了，中午我和妈妈再一次撑着雨伞，来到这一片美丽的稻田。

经过一个上午的细雨的洗礼，稻谷的衣裳变得有些透明，看上去湿湿的、润润的，倒像个优雅的小姑娘了。突然一阵风吹过来，稻谷的辫子随风飘动，发出了"哗啦啦"的声音。风停了，姑娘们的辫子直直垂下，好像等待着我去给她们梳一梳似的。从远处看，这时候的稻田就像一条金色的毯子。我想，如果风越刮越大，那远远看去，会不会就像金色的浪潮一般呢？那景象，该多美啊……

夜晚　天气：阴

漫长的下午过去，宁静又凉爽的晚上终于到了！我迫不及待地拉上妈妈，提上手电筒，想看看那夜晚的稻田。

我和妈妈走到马路中间，往稻田那边看去，稻田一片漆黑，什么也看不清，什么也摸不着。这时，妈妈打开手电筒，耀眼的光芒一下子射了出来，照亮了近处的一片稻田。啊！稻谷还是抬着头！他们神气十足，昂首挺胸，站得笔直笔直的，仿佛在守卫着这乡间的宁静！我不由得深深地陶醉了……

瞧，这乡间的稻田是如此变化多端，如此有趣！

我见到了大草原

张东霆

去草原的路上,每过半小时,窗外的景色就会发生巨大的变化。

渐渐地,山变低了,树变矮了。一瞬间,山和树都不见了,出现在我们面前的是一望无边的大草原。没有一座山,没有一棵树,只有蔚蓝的天空和雪白的云朵。满眼望去都是绿草,就像一块绿色的大毯子,上面"绣"着一片片白色的小花,非常美丽壮观!

我迫不及待地要下车和大草原亲密接触。双脚刚踏上草原,只见七八只青蛙似的东西跳出了草丛。仔细看,原来是蝗虫,大的有五六寸,小的不到一寸。我学着它们的样子蹦跳着,东扑西赶追逐着它们。"抓到了!抓到了!"我刚说完,蝗虫就从我的手缝里跳出来,逃走了。

一只黄色的蝴蝶飞来了,停在白色的小花上,我想:蝗虫哪有蝴蝶好看!于是,我蹑手蹑脚地向蝴蝶走去,却没注意到身边有一个草坑,当手已经碰到蝴蝶的翅膀时,身子却一歪跌进了草坑,密密麻麻的草儿把我扎得浑身发疼。

"什么东西?啊,是蘑菇!"一簇一簇的白蘑菇躲在草坑里。我兴奋地又转移了目标——摘蘑菇,费了九牛二虎之力终于摘了几朵。突然,看见不远处的草坑里有一朵"大蘑菇",我急忙奔过去一看,哈哈，原来是一个白瓶子欺骗了我的眼睛。

在美丽辽阔的大草原上，我觉得自己变得十分渺小。我太喜欢这里了，整整玩了一天，也不愿意离去，不愿离去……

帮泥娃娃洗澡

郭嘉欣

童年像一块调色板，不停地调呀调，调出我的五彩记忆；童年像一块魔方，轻轻地转呀转，转出我的喜怒哀乐。

还记得那一年，爸爸出差回来的时候，给我带了一个漂亮的泥娃娃。小小的泥娃娃有着一身朱古力色的皮肤。一件天蓝色的小外套，粉红色的小裙子，再配上翠绿色的鞋子，别提有多别致了。小巧玲珑的脸上嵌着一双水灵灵的大眼睛，仿佛有很多美丽的故事想要告诉你，翘翘的小鼻子下面是一张樱桃似的小嘴。在阳光的照耀下，泥娃娃的头发也一闪一闪地发出幸福的金色光芒。

只要一想起这个可爱的泥娃娃宝贝，我就开心得合不拢嘴巴。

日子一天一天过去了，泥娃娃的身上有些脏了，这可怎么办呢？我一边烦恼，一边自言自语地说："衣服脏了可以洗，鞋子脏了也可以洗……唉，看来今天只有辛苦我帮泥娃娃洗个澡了！没办法，谁让我这么喜欢楚楚动人的她呢？"

说干就干，我一边哼着小调，一边鬼使神差地按照妈妈洗衣服的方法准备齐了所有给泥娃娃洗澡的工具。我小心翼翼地洗啊洗。呀，天啊，这是怎么了？为什么越洗越脏了呢？我纳闷极了，使出了比之前更大的力气刷洗了起来。

可想而知，从那之后，我再也见不到我那形影不离的好伙伴泥娃娃了。我伤心极了，眼睛哭得像烂桃一样肿。慢慢地，我长大了，也明白了其中的道理。

不过，一直到现在想起来仍然觉得自己傻得可爱，亲爱的小伙伴们，你们说我傻吗？

小鬼当家，大战饺子

牟诗涵

今天是元旦，妈妈说要包饺子吃，于是，一大早就带着我去赶集啦。菜市场里热闹极了，叫卖声此起彼伏。来来往往的人们接踵而至，熙熙攘攘，菜市场里上演了一出超级人海大战。

妈妈带着我挤到肉摊前，买了两斤瘦肉。然后，我们又突破重重人墙，去买了一些豆腐，我奇怪地问："饺子里要放豆腐吗？"妈妈笑了笑，告诉我，这样会使饺子的馅儿更鲜美，接着我们还去买了葱和芹菜。

回到家里，我就嚷嚷着要和妈妈一起包饺子，妈妈说要先把馅儿配好。说干就干，妈妈先把瘦肉剁好，然后将切好的葱花拌着豆腐一起加入瘦肉末里拌匀。我迫不及待地问："老妈，现在可以'开包'了吗？""等一下就好了！"妈妈一边说一边往馅儿里加入了料酒、食盐、味精、白糖等佐料。

　　终于开始包饺子啦，我兴奋地拿起一张擀好的饺子皮，学着妈妈的样子，将饺子皮摊在左手心儿里，舀了一勺香喷喷的馅儿，放在皮儿上，轻轻折几下，再小心翼翼地将饺子皮"缝"起来。

　　不一会儿，本人的第一个"饺子宝宝"就诞生了。咦，奇怪，我的饺子怎么扁扁的？再看看妈妈的，一个个都很饱满，看起来特别精神抖擞，而我的怎么看怎么像被霜打了的样子……

　　妈妈说，我的馅儿放得太少了。于是，我重新拿起一张饺子皮，放了一大勺馅儿，可调皮的馅儿偏偏和我作对，像个贪玩的小孩子天天惦记着窗外的美丽世界，老是往外钻。呀，糟了，饺子皮破了，饺子馅儿弄得我满手都是，黏黏糊糊的。看来，馅儿也不能放得太多。

　　这下我吸取了前两次的教训，继续包着、捏着……终于，一个我理想中的完美饺子出炉啦！看着妈妈赞许的眼神，我心里乐开了花！

　　嘿嘿，吃着自己包的饺子，别提有多香啦！

蜗牛的坚持

郭慧敏

　　一只蜗牛，背着毫不起眼的壳，沐浴在和煦的晨曦中，一点一点地，坚定不移地努力向上挪动着，艰难的动作中夹带着些许倔强。

——题记

雨后，空气中带着新翻泥土的气息，我们总会一群一团地趴在花丛旁，掘泥土，能找到好多蜗牛。自然，它成了我们的玩具。我把它带回家，放在玻璃瓶里，它就缩在壳里，不敢出来。慢慢地，它才会小心谨慎地伸出触角，慢慢地将身体从壳中蠕动出来，慢慢地，慢慢地，只要碰了壁，就会立刻缩了回去，再慢慢出来。

我忽觉可笑。笑这个软体动物的胆小与懦弱。

终于，它成功地出来了，缓缓地爬着，在不大的玻璃瓶里缓缓地，缓缓地。忽然想起一句歌词，"蜗牛背着那重重的壳呀，一步一步地往上爬"。

我忽觉可悲。悲这个弱小的生物只能以每分钟几厘米的速度无目的地前行。

它仍在爬着，却始终没从玻璃瓶里出来。它却依旧如此，碰了壁就缩回去，再出来，再爬行。

令我惊奇的是，它似乎无厘头地往瓶口爬，却也一次一次地滑落，再向上爬，再滑落。几个来回之后，它仍旧在那儿不停地爬，不知停歇。

我忽觉可敬。是啊，它虽谨慎，虽弱小，但它的精神是伟大的。谨慎是为了保护自己，保全自身；而弱小，是它们从未觉得遗憾和不足的，它们从小就生活在小小的壳里，却也是它们信赖的家，它们能坚持，一次又一次地坚持。

忽然想到了自己。自己不也是胆小而又懦弱的吗？随着升级考试，压力倍增，原有的些许新奇感和奋进感也都渐渐被消磨。我开始缩在壳里，像蜗牛一样，但我却没勇气再像它一样从壳中出来，只是胆小懦弱地缩在里面，不问世事。

是啊，我又有何资格去嘲笑它的可怜可悲呢？我连它都不如！

蜗牛仍在那儿一次又一次地重复着，它似乎在告诉我：你也应该出来，这世界时刻变化着，压力算什么，失败算什么，只要生命还

在，跌倒了，再来！

我把蜗牛放回了花丛，毕竟，那里才是它的天堂。我把玻璃杯放在我写字台的一角，杯壁上留下的是蜗牛一次又一次爬行的痕迹。

我想，这只蜗牛，它告诉了我接下来的路该怎么走。我勇敢地从厚厚的壳里爬出，又见到了太阳和花草。我想，我能像它一样，不断地跌落，不断地爬上。

看吧，你会时常见到一只蜗牛，背着厚厚的壳，沐浴在题海中，一点一点地，坚定不移地努力向上挪动着，艰难的动作中夹带着些许自信。

威震八方的"砍价神功"

周子涵

今天是星期六，又到了老妈和我逛街的日子啦，又到了妈妈大显身手——展示其"砍价神功"的日子啦。

这不！老妈拉着我溜达到了"爱心天使"童装柜台，"哇，妈妈，你瞧，那件粉红上衣，真漂亮，上面还有我最喜欢的卡通小白兔呢！"我兴奋得像发现新大陆似的指了指那件衣服。妈妈笑着点了点我的额头："你啊，就知道臭美。哇！什么？天呀，要199元！哼！看我的'砍价神功'！"

第一招：曲线迂回。

妈妈随手指着旁边的一件黄色小短裙问道："老板，多少钱？""280元！"这可把我急坏了，我连忙偷偷地拽了一下妈妈的衣角，手指了指那件粉红上衣："妈，我要的是那件粉红上衣，你看错了。"

妈妈一听，急忙甩开我的手，朝我一个劲儿地挤眉弄眼，哦，原来如此，我这才恍然大悟，这是老妈"砍价神功"的第一招——"曲线迂回"，迷惑店主，不要让他发现我们真正的目标是那件粉红上衣，这样才有利于后面的砍价。高！实在是高！

第二招：无中生有。

"太贵了！这件呢？"妈妈转了一圈后，手指终于指向了那件粉红上衣，老板立刻来到妈妈身边，脸上堆满了笑容："这件衣裳可好了，而且还便宜，才要199元！"

"什么？199元？你看这衣服颜色太浅，小孩儿很容易就穿脏了，而且这衣服的做工也不怎么精细，刚才我在别的店看到类似衣服只要50元……"老板的脸色立刻由晴转阴："50元？笑话！不可能，进价都不止50元。"

我们刚才看见过？做工差吗？我愣住了！哦！原来妈妈开始了"砍价神功"的第二招——"无中生有"。

"太贵了！太贵了！"老妈一边反复嘀咕着一边拉着我"慢慢"地向店门外走去。"妈妈！我想……""嘘——"妈妈又悄悄地给我使了个眼色。

"别走呀！你们先回来，诚心想要的话我们再谈谈。"耶！成功！看，这就是老妈"砍价神功"的第三招——欲擒故纵。"老板，如果价格适中的话，我们就捎一件！"妈妈装出很不情愿的样子漫不经心地说道。

"老板，50元。""太低了，100元。""那就60元，一分也不能加了。""那么90元。""不行！60元！""你还得太多了，进价都不止这个价，60元我们要亏本了！你增加一些吧！""65元，好

了，给你钱！""你……你太厉害了！好吧！唉……"

就这样，这件粉红上衣以65元被我们收入囊中。你瞧！这就是俺老妈的绝招——"砍价神功"。你说厉害不厉害？

奶奶的缝纫机

计英雄

搬进三室二厅二卫的新房，已经有许多年。新房宽敞明亮，崭新的家具，各种家用电器一应俱全。这与那不足二十平方米、盖有阁楼的狭窄、拥挤的旧房子，真是天壤之别。自从搬进新房居住以后，已很少见到过去的旧物品，唯有奶奶的那台缝纫机，被搬进了新房的客厅，显然与其他陈设很不协调。

我听奶奶说，这台缝纫机已伴随她几十年了。70年代初，手表、自行车、收音机、缝纫机是时兴的四大件，市场上非常紧俏。为了它，奶奶在单位里争取到一张购买缝纫机的票，那时家里积蓄少，还要凑足了钱才买到它，可是来之不易啊！

提到缝纫机，一家人都有不少的回忆。爸爸说："过去，你奶奶靠着勤奋，心灵手巧，一家大小一年四季的衣服都是她做的。"叔叔看见我穿着新衣服，戏谑地说："现在，你穿的是从商店里买的新衣服，但你见过放唱片的裤子吗？"我十分好奇，不停地追问他，叔叔才告诉我："那是裤子屁股后面的布磨损了，里面填上块布，在缝纫机上缝了一圈一圈的线，不像放唱片吗？"奶奶就给叔叔穿过这样的裤子。

　　说话间，奶奶也不禁笑了，她边笑边说："瞧你现在穿的，哪件不是品牌衣服，再给你做一件这样的裤子，还会穿吗？"妈妈忍不住插话："那是猴年马月的事，当时哪有条件经常翻新，缝缝补补又三年嘛！"如今生活越来越好，住房改善了，人人吃得好，穿得好，谁的衣服不是从商店买的，还讲究面料、款式、品牌，再不用奶奶操劳，何况奶奶年纪大了，视力也越来越差……

　　那么，留着这台缝纫机做什么呢？妈妈说："依我看，缝纫机早已完成它的使命，我家也不需要，是否处理掉算了？""是啊！留它无用，弃之可惜，但它毕竟为咱家服务了这么多年，还真舍不得把它卖掉。"奶奶犹豫着说出心里话，恰巧看见保姆进来，突然对她说："小柴，你们家乡还用得着缝纫机吗？要不，就送给你。""好啊！我们家乡还用得着。谢谢！"

　　"不用谢！说不准今天需要，明天也……"奶奶没有说完，也许想说，明天农村生活条件改善了，缝纫机又将于何处安身呢？奶奶对这台缝纫机真是"一往情深"啊！

古镇老街

陈韩斌

　　我的家乡在街头镇，那是一个古老的小镇，小镇上有一条长长的老街。老街有一千多米长，四五米宽，像一条准备冬眠的蛇，懒洋洋地蛰伏在小镇中心腹地，贯穿东西。整条街用鹅卵石铺成，石头光滑清洁，形态各异，异常美丽。街面中间隆起，两边低凹，下雨时，水流向两边，人走在街上鞋也不会湿。两边是单檐二层木板小楼，建于清代，仿造宋代民居样式，十分古朴。木板古旧黝黑，如老人脸上的老年斑。老街西边尽头有一座石砌拱形门楼，楼的正中央有一块石匾，刻有"古湖窦镇"四个大字，古朴遒劲，是清朝嘉庆年间台州名士梅人槛所题，给老街增色不少。

　　回想昨日的老街，每逢农历二七集市，老街热闹极了。卖早点的店铺，不时飘出一阵诱人的香味；熟食店的伙计们忙着杀鸡、剖鱼；街边的理发店、铁器店、杂货店生意兴旺；那些来自四里八乡的赶集者，使本来就显得狭窄的街道更拥挤了。那时候，就连老街前面的那条小溪也满是大小船只和浮排，车水马龙，往来穿梭。

　　今年5月，老街荣幸地成为"中国天台山全国风光风情摄影大赛"摄影点，来自全国各地的三百多名摄影家云集这里。老街的人们像过大节似的，兴高采烈，载歌载舞，舞狮子、舞龙、打腰鼓、舞木兰扇等一个个精彩的节目吸引着摄影家们的镜头。他们有的叠凳子，有的爬上梯子，甚至有人登上门楼……一个个引颈踮足，灯光不停地闪烁，"咔嚓"声此起彼伏，为老街的建筑物、风情、人物和景物留下了一幅幅动人的图画。小镇因为老街"火"了一把，人们因为老街而潇洒了一回。

　　每逢元宵节，老街更加热闹。晚上，家家户户都挂上了大红灯笼，从街头到街尾不知有多少盏灯笼，老街像一条灯笼的小溪，人们涌到这里，过了一拨，又来了一拨，有步履蹒跚的老人，有天真可爱的小孩儿，还有携手的情侣……人们的脸上洋溢着幸福与快乐。老街像一本书，记载着它的辉煌；老街像一件古董，越古老越显示它的价值。

踏上妈妈上班之路

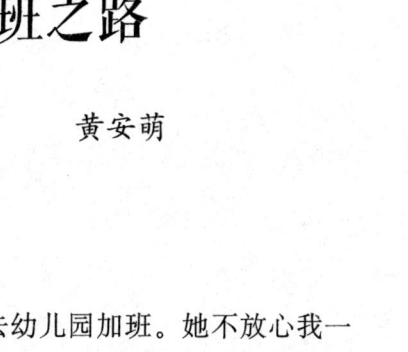

黄安萌

妈妈是幼儿园的老师，暑假里要去幼儿园加班。她不放心我一人在家，要把我送到奶奶家去。待在奶奶家没有意思，幼儿园里有各种玩具、可以滑滑梯、做科学小实验，跟着妈妈去上班肯定有趣又好玩。妈妈爽快地答应了我的请求，并和我"约法三章"：第一，做有礼貌的孩子；第二，注意安全，不要乱跑；第三，不能打扰老师们工作，我都一口答应了。

那天一到幼儿园，我就冲进妈妈的班级，小朋友都放假了，这里是我的天下，可要玩个痛快。但是，一进教室就傻眼了，怎么是空空的，我赶忙到其他教室一瞧，也是这个样子。是不是遭小偷了呀？我急忙对妈妈说，妈妈和她的同事都笑了，她指了指旁边的储藏室，对我说："今年所有教室都粉刷一新，为了保护好各种玩具、橱柜，都放那儿了。"我耷拉下脑袋，玩具、滑滑梯、小实验全没了。

不一会儿，走廊里开始热闹起来，老师们从储藏室搬东西。怎么不请外面的工人叔叔来搬呢？妈妈说："每个教室都有不同的柜子、玩具，小班、中班、大班都不一样，放的地方也不同，由班级的老师自己负责。开学前，每个老师都把自己班级的教室布置得又舒适又温馨，让小朋友们在里面学习、游戏，开心地度过每一天。"

让小朋友们有个整洁的学习环境，老师真辛苦！我看到老师们忙碌的样子，也加入了她们的行列，帮她们拿小玩具、为老师们倒水、给老师们递擦汗用的毛巾。尽管我有点儿累，什么玩具也没有玩，心里却甜滋滋的，因为我是老师们的小帮手！

第一次打车

孙 韵

我从来都是跟妈妈乘车，今天，她却让我独自打车去英语老师家上课。虽然有点儿忐忑，但我一向嘴巴厉，一咬牙也就答应下来："不就打车嘛，小菜一碟！"

话虽这么说，可我站到路边，心里还是敲起了鼓。汽车驶过来了，我马上挥了挥手，也许运气不好，接连挥了几次，不是车上有人，就是理也不理，真气人！眼看上课的时间快到了，正好一辆空车向我驶来。我不停地挥舞着手，汽车慢慢地减速，然后在我身边停下。

我正准备上出租车，不知从哪里窜出一位阿姨，打开车门就往车里钻。我猛一愣，又立即反应过来，她抢我招呼的出租车。这事搁在平时也就算了，但现在我要赶去上课，迟到了可不好。我忍着对她的不满，温和地说："阿姨，您可以'让'给我吗？我上课快要迟到了。"这位阿姨还算通情达理，终于"让"给了我。

我上了车，司机硬邦邦地问："去哪里？"说话多冲啊，幸好我一向宽宏大量，不跟他计较，若换成"辣妹子"老妈，早就打起"口水战"了。

我说去名城花园，出租车驶出没多远，司机竟然抽起了烟。顿时，车里乌烟瘴气，真是忍无可忍："叔叔，请您不要在车里吸烟，好吗？"他却依然在吞云吐雾。唉，都说小人难缠，这大人也这么难缠！到了目的地，我付了钱赶紧下车，径自离开了。

第一次打车就有如此遭遇，真是倒霉！不过，等我放了学回家，可就有本钱吹牛啦！嗨嗨，想想还是蛮得意的。

爸爸的爱有多少斤

吴　文

天刚蒙蒙亮，小鸟快活地唱着动人的歌儿。而我，早早就被锅碗瓢盆的大合奏吵醒了，揉揉惺忪的睡眼，夸张地伸个懒腰，缓步来到厨房。

你瞧，"噼里啪啦"，爸爸正在准备早餐呢。点火，倒油，打蛋，一气呵成！手腕轻轻一抖，那锅里的鸡蛋就像一只黄蝴蝶在空中飞舞。"爸爸真是一个金牌厨师！"我暗暗赞叹。

"好了，吃早饭吧。"

那煎鸡蛋中间嫩白外边金黄，就像白色玉盘镶了一道金边，诱人的香气让我不由自主地咽了一下口水。

爸爸站在一旁一边看着我津津有味地吃，一边问我："今天中午想吃什么？"

"你看着办吧。"

"吃不吃排骨？吃的话我早点儿去买，唉，这几天，肉价涨疯了。"

"随便，你做主。"

中午放学，肚子早就"咕噜咕噜"地抗议了。我刚走到家门口，阵阵菜香就像一层层的浪迫不及待地涌了过来。

桌上已经摆上了"炖排骨""炒芦蒿"。

"再等一等，午饭马上就好！"爸爸系着围裙，正在大显身手，"最后一个菜，好了！"

爸爸利索地把切好的豆腐倒进滚烫的油锅里。菜铲在油锅里不住地翻动，忽而炒，忽而搅，还不时地加上红辣椒、白葱花……

"上菜喽！"爸爸端上了最后一道菜——麻婆豆腐。还未动勺，一阵香气就扑鼻而来。那豆腐黄而不焦，油而不腻，外围一圈透亮的红油。轻轻抿上一口，微麻辣而不失清淡，真是令人回味无穷呀！"老爸真是我的知心好爹地呀。"爸爸知道麻婆豆腐是我的最爱，而他一下班，就飞奔到厨房忙碌开了！

偶一回头，看到爸爸正在用手背捋着略显凌乱的头发，看到爸爸眼角显现出来的鱼尾纹，看到爸爸的脸被油烟熏得油亮发黄，就像桌上的麻婆豆腐，我心头一颤……

爸爸洗了多少斤的衣服？爸爸炒一碟菜要放多少油？爸爸煮一顿饭要用多少心？

爸爸煮过的饭有多少斤？谁能数得清？答案悄悄地藏在米缸里！

爸爸的爱有多少斤？谁能数得清？答案写在他脸上的皱纹里！

大连金石园

高冰鑫

暑假，爸爸妈妈带我来了大连。这可是我第一次坐飞机，也是我第一次看到大海。但这次大连行留给我印象最深的却是大连的金石园。

金石园是经过几百年地质运动后冲刷而成的一大片金黄色的大石群。里面怪石林立，从门口望进去，错乱的石头呈现在眼前，金色的石头，直晃得人眼花。我还从来没见过这么黄灿灿的石头呢！

走近一看，石头表面的条纹一道道地排列着，很整齐，用手一摸，那一条条缝隙有点儿像老人脸上的皱纹，有的好像女孩子的卷发，有的又像流动着的河流，而有的地方则是光光的，圆滑得很。

最有趣的要数那些个小石头洞了，钻在里面，感觉就像个小小的家，温暖舒服极了！真不知是哪路神仙凿出来的，真可谓鬼斧天工啊！

金石园旁边还有个石头陈列馆，里面的石头更是神奇，听导游介绍，这里所有的石头都是天然形成的。有光滑的，有凹凸不平的，有的像爆炸开的样子，有的像小动物，有的像山水画，形状各异。特别是颜色各异的水晶，紫色的，黄色的，白色的，红色的……哇，真是太神奇了！我真是太佩服大自然啦，它好伟大啊，竟然能够创造出这么多美丽的石头！

听导游阿姨介绍，那些圆圆的、光光的、图案各不相同的石头，在很多年前，有可能都是锋利无比的石头呢，是经过千年万年的海水冲刷，才把它们变成现在这个可爱的样子。

每当我看见这些石头，就会突然想起两个典故——铁杵磨成针和滴水穿石。是啊，铁棒不就是经过坚持不懈的努力摩擦才会变成针吗？再顽固的石头不是也被一滴看似弱小的水滴穿透的吗？

这让我想起，有时候弱小的东西不一定就没实力，就好像我一样，大家都说我瘦小，可他们没想到，这么弱小的我，竟然在校动会上夺得了全年级仰卧起坐第一名。呵呵，这么夸奖自己，是不是有点儿不好意思啊？

黄龙溪古镇

高小卓

每当我看到书柜里的那把葫芦丝，就想起四川成都黄龙溪古镇。

那是一个暑假，我和爸爸妈妈第一次回到了爸爸的家乡——四川成都的黄龙溪小镇，那是一个很古老的小镇。

最令我流连忘返的就是小镇上的那座小石桥了。石桥不低，桥两侧的扶手栏杆上雕刻着盘龙。石桥下的水有些混浊，上面漂浮着一层青绿色的浮萍。桥头边有一位卖小糖人的老爷爷，他身旁放着一个大转盘，上面有十二生肖，当你转动大转盘，指针指到哪个属相，老爷爷就会为你捏哪个小动物的糖人。当我拿着自己转到的小鸡糖人，轻轻地舔了一口时,"啊!真甜啊!"我心里美滋滋的。

那些木质的吊脚小楼,虽然看起来没有我们城里的楼房明亮,但那种古朴典雅还是深深地吸引着我们。

走着走着,隐隐约约中听到一种很好听的乐器声,顺着声音找过去,我才发现这是一家专卖葫芦丝的小乐器店,店门口挂着大小不一的葫芦丝和没有加工完的葫芦。店里坐着一位正在吹奏葫芦丝的阿姨,原来那悠扬的乐声就是她吹出来的。

爸爸妈妈看我站着不走,就问道:"宝贝,你是不是也想吹葫芦丝啊?"我马上点点头。这时,热情的店家马上递给我一把葫芦丝,说:"小姑娘,来试试吧!在我们这里买葫芦丝,我们负责教会你。很好学的!"店家叔叔的一番话,让我更加跃跃欲试。

"叔叔,刚才阿姨吹的曲子真好听。"我忍不住对店家叔叔说。好客的叔叔拿起另一把葫芦丝手把手地教起我来。用了好大一会儿,我才吹对了do-re-mi-fa-so,别看人家叔叔吹得好,我自己真正吹起来才发现,这可没叔叔说得那么简单。不过,虽然如此,我还是为自己也能吹出来音乐感到兴奋。爸爸妈妈看我这么喜爱这把葫芦丝,就毫不犹豫地为我买下了它。那把葫芦丝,到现在我还留着呢!

菠萝的小秘密

罗成润

一场大雨过后,我和老爸到超市大采购,走着走着,我看见一个人推着大大的车子在叫卖，车子上有一个装着水的罐子，罐子里放着一些削了皮切开的菠萝。奇怪奇怪真奇怪，为什么要用水浸着菠萝呢？为了解开心中的疑惑，我央求爸爸给我买一个菠萝回家，让我一探究竟。

回到家里，我让爸爸帮我把菠萝切开，我从厨房取了两个碗过来，一个碗从水龙头里装半碗水，另一个碗放在桌子上。接着，我拿起一块削好的菠萝放进装了水的碗里；再拿另一块菠萝放进没有装水的碗里。过了一会儿，我拿起没有蘸水的菠萝，咬了一口，感觉舌头有点儿刺痛；再拿起蘸水的菠萝，咬一口，奇怪，还是有刺痛的感觉。

可是，平时吃的菠萝都甜滋滋的，并没有这种感觉呀，这是为什么呢？带着这个问题，我去问爸爸，爸爸说："我的傻孩子呀，你要知道蘸着菠萝的是盐水，而不是白开水啊。"我半信半疑。

为了验证爸爸的话是真是假，我决定做个实验：首先，我把盐水装在一个碗里，另一个碗里什么也不装，然后把一块菠萝放进盐水里，另一块菠萝放在空碗里。过了一会儿，我拿起蘸了盐水的菠萝轻轻咬了一口，哇，真甜，一点儿刺痛感都没有。

虽然"吃菠萝是否要蘸盐水"这个问题已经解决了，可是，我的脑海中又浮现出了一个新的问题，那就是："为什么吃菠萝一定要蘸盐水呢？"

为了寻找正确答案，我把书柜翻了个底朝天，啊哈，答案终于被我找到啦。原来，菠萝的果肉里含有丰富的糖分、维生素C、柠檬酸、苹果酸等有机酸，所以当你不蘸盐水吃时，舌尖就会感到刺痛，那是有机酸在起作用呢。这种酸能分解蛋白质，因此会对口腔黏膜产生刺激，而菠萝蘸盐水之后，盐水能抑制有机酸的作用，使菠萝吃起来口感更好，味道更香甜。

啊哈，这真是个平凡又奇妙的小小发现呀！

郭郭养蝈蝈

郭若铭

今天，妈妈神秘兮兮地说："郭郭，你的好姐妹来了！"我一头雾水："什么姐妹？"妈妈指着阳台让我看，我立刻奔向阳台，哇，原来是一只可爱的蝈蝈，和我这个"郭郭"竟然同音，太有意思了！

蝈蝈穿着一身翠绿色的外套，像一个哨兵挺立在笼子里。圆圆的眼睛像两颗乌黑乌黑的芝麻，头顶上那两根长长的触须左右摇摆，好像在向我打招呼。在它的嘴边有两颗钳子一样的牙齿，看上去特别锋利。圆鼓鼓的肚子白白的，仔细看布满了细纹，还在不停地收缩着。它有三双又细又长的腿，最壮硕有力的是后腿，腿上长着许多细细的小刺。

蝈蝈的叫声很特别，它总是先"叽"地叫一声，像是在清嗓子，接着唱出一长串嘹亮的歌声。我仔细观察了一下，它的声音是通过左右两边的翅膀摩擦发出的。

这不，它又"蝈蝈蝈"地叫了起来，好像在说："小主人，我饿了。"我二话不说，跑进厨房，切了几块桃肉，想逗逗蝈蝈。我把一块桃肉扔到了它身上，它受到了惊吓，竖起触角，瞪大眼睛，直往后退，做好了防御的准备。它迟迟不肯吃桃肉，好像对我充满敌意。我只好慢慢地走开，它这才如释重负地走向桃肉，立刻用两只前腿抓住桃肉，狼吞虎咽地啃了起来。它吃的速度很快，不一会儿，一小块桃肉被它啃光了。饱餐一顿后，蝈蝈一会儿攀着围栏欣赏风景，一会儿在悠闲地散步，一会儿蹬蹬漂亮的长腿，一会儿轻舞长长的触须。

这就是我的好姐妹——蝈蝈。这个暑假，郭郭一直会养着蝈蝈。

趣多多·笑哈哈

夏 滨

一、味精填海

一天，我们正在兴致勃勃地上蒋老师的课。讲到"精卫填海"这个成语，蒋老师让我们齐声朗读这个词，班上绰号叫"蒋飞花"（意思是"讲废话"）的韩俊奥突然说道："是'味精填海'！"本来鸦雀无声的教室顿时笑声一片，蒋老师也忍不住笑了。"蒋飞花"不知所措，只好用他那常人不能做到的尴尬表情笑了笑。

蒋老师说道："'蒋飞花'啊，你说如果用味精来填海，得用多少吨啊？"

全班又一次哄堂大笑。

二、首联、颔联、颈联和"屁"联

一次，语文课上讲七律诗，蒋老师在讲首联、颔联、颈联和尾联的关系。最后蒋老师要考考我们了，她指着自己的头，让我们说"首联"，随后，颔联和颈联都被我们成功地说出来了。当蒋老师把手放在自己的身后，并且摆动双手，笑眯眯地看着我们，想让我们说"尾联"的时候，绰号叫"蒋小花"（意思是"讲笑话"）的施源抢先说道："屁联！"笑声又从五班传了出来。蒋老师略微有点儿生气地说："施源！我如此卖力地表演，你……你……"施源脸一红，马上意识到自己的错误，在边上同学的帮助下，小声说着："是尾联，我错了！"

其实蒋老师也在笑呢！

三、洗澡不收费咯

话说，我们班的"韩大仙"、"怪脾气"林烨晨和"除了作文空空如也"的王哲立趁下课时间到一楼食堂边的小竹林边玩"人类英雄"。终于轮到"韩大仙"当"英雄"了，不料他被另外两个"毁灭者"打得落花流水，他跑进竹林，扭头对他们说："这是我的基地，你们谁敢进来？"而另外两人却说："你敢出来吗？"韩俊奥没有回答，又向里跑去，没跑两步，只听韩俊奥大喊一声："啊——"另外两人犹如离弦之箭奔去，发现"韩大仙"从一个破窨井的口子掉进了下水道，洗了个"香香"澡呢！幸得保安和蒋老师及时搭救，否则，你懂的……为此，学校所有窨井盖当天全部换新，质量一流。当然，此是后话。

以后的日子里，这位大仙经常被"提上"光荣榜，而每到此时，他只有学鸵鸟把脑袋埋进臂弯里。哈哈，谁让他又调皮了！

烤 土 豆

徐世睿

小时候，我们一家总在奶奶家过年。爷爷在秋天会劈好柴火整齐地堆放在墙角。有了这些柴火，奶奶家的大炉灶就派上了用场。红烧黄鱼、清蒸大螃蟹、土豆排骨汤……所有的美味佳肴都有大炉灶的功劳。天气寒冷，当奶奶忙着做年夜饭时，我和爸爸妈妈就坐在炉灶旁取暖。

年夜饭烧得差不多了，只见奶奶把长长的竹棒插在一个爸爸拳头那么大的番薯上，往炉灶里伸。怎么回事？火都快灭了，奶奶为什么把番薯往里面送呢？奶奶手中的竹棒在微弱的炭火上轻轻转动。过了六七分钟，一阵甜甜的香味扑鼻而来。原来奶奶要制作一道美味点心呢！我忍不住咽着口水。旁边有叔叔阿姨，这么多人，一个番薯怎么够吃呀？我得再找些别的食物来。如果把别的食物烤一烤，味道又会怎样呢？我眼睛四处搜索，太好了，那边餐桌旁的篮子里不就有几个土豆吗？我赶紧跑过去，一把抓了三个。

我在炉灶旁找到一根细细的竹条，用它把三个土豆串在一起。这时，奶奶叫道："开饭喽！开饭喽！"大家围坐在圆桌旁。那只被烤得咧开了嘴的小番薯似乎在对大家说："我很美味，快来品尝我吧！"

炉灶旁没人，我正好可以大显身手，你们先吃吧，我做的这道点心才是压轴好"菜"呢！我搬来小凳子，坐在炉灶旁。炉灶里的炭火闪着红色的火苗，我迅速地把土豆放在火苗上，小火苗一个个往上蹿，一下子把土豆包围起来。我学着奶奶的样子微微转动。小火苗的力量太微弱了，我多么想早点儿闻到土豆的香味，于是想到应该多召集一些火苗的同伴。我伸手拿了几根炉灶旁的柴火放了进去，火苗会聚在一起，手拉着手变成了一团大火苗，一下子吞噬了小土豆。我兴奋地转动竹条想让土豆均匀受热，突然"啪"的一声，我放进去的一个竹块炸开了，火花溅了出来。我惊慌失措地扔下土豆跑开了。见没什么动静，又一步步向炉灶旁移动，探着脑袋往炉灶里望。火花早已灭了，只剩下几块红红的炭火和土豆的黑影。我心急如焚，一把拿起钳子把土豆夹了出来。土豆换上了黑礼服，嗯，一定是熟透了！我赶紧吹了吹，啊呜一口咬下去。"呸呸！真苦！"妈妈闻声赶来。"什么东西苦呀？""烤土豆呀！"妈妈笑着说："这都烤成焦炭了，还能吃吗？"

如今，奶奶家的房子正在改建，大炉灶也早已不见踪影，但那几个黑不溜秋的烤土豆却在我童年的回忆册上留下了一抹独特的色彩……

给爷爷"画"眼镜

司嘉欣

那是一个万里无云的晴天，我兴高采烈地和爷爷去地里扒红薯。爷爷一直在扒红薯，扒啊扒啊，我却在一边"瞎帮忙"，过了好一会儿，活儿终于干完了！爷爷觉得有点儿累，气喘吁吁的，于是就在边上的草地上躺下休息，不一会儿就睡着了，居然还打呼噜呢！看来爷爷可真的是有点儿累了，睡得那个香啊，鼾声此起彼伏的！我凑近仔细看爷爷，只见他两眼紧闭，一只腿弓着，真把草地当成软绵绵的床了！看着看着，突然我灵光一闪，眼睛一亮：来点儿有趣的吧！让我这个小画家来给爷爷画副漂亮的"眼镜"吧！

好，说干就干！因为打小我就爱涂涂画画的，所以不管做什么，不管走到哪里，我身上总会带上一支画笔，这下，真派上大用场了呢！我静静地打量了一下爷爷，他仍然一动不动地躺在草地上做着他的美梦呢！我马上掏出笔来，小心翼翼地在他脸上画了起来。我先画了两个大圆圈作为眼镜的边框，再把边框加粗，接着在他耳朵边画了两个又粗又长的眼镜腿，然后还在他的大鼻子上画了个眼镜架。"哈哈，好啦，爷爷的DIY眼镜完工啦！耶！"我正得意地欣赏着我的"大作"，忽然发现有点儿不太对劲——两个"镜片"一大一小，呀，完了，出了"质量问题"。我正准备去改，可这时爷爷醒了。我心想："质量问题"就"质量问题"吧，好歹也算是一副"眼镜"！就先让爷爷凑合着戴吧，咱下回争取"改进技术"！

爷爷拉着我的手，高高兴兴地回家去。一路上，我一直偷偷地看着爷爷，不时地发出诡异的笑声，不过幸好他没发现！刚进家门，我正窃喜，奶奶看见了爷爷的眼镜，笑得嘴都合不拢了；爸爸看见了，死命憋着不敢笑出声来。爷爷是丈二和尚摸不着头：他们都奇奇怪怪的，葫芦里卖的什么药？爷爷赶紧跑进屋，对着镜子一照，哎呀！只听得爷爷在屋里大喊："你这个鬼丫头，太调皮了，把爷爷整成大熊猫啦！看我怎么收拾你！"说罢，便冲出屋子，朝我飞奔而来。我发现情况不妙，拔腿就跑。被我们祖孙俩这么一闹腾，家里可算是开了锅了，笑声、闹声、叫喊声、求饶声，声声不断！

现在，只要一想起这件事，我的眼前就会浮现出当时爷爷戴着有"质量问题的眼镜"时，那可爱又可笑的样子，实在是太有趣了！

生命七彩虹

　　你让我看到了生活的苦与甜。生命啊生命！你让我看到了坚韧不拔的可贵精神。生命虽然短暂，但是我们却可以让有限的生命体现无限的价值，让每一个人的生命都更加五彩斑斓。

"二 胡"

胡鸿飞

我所说的"二胡",可不是什么民族乐器,而是别人对我和爸爸的戏称。爸爸胡周今年三十四岁,是位乡镇职员,生性幽默。他常常戏言自己的名字不怎么样,别人喊他的名字时,听起来总像在叫"胡诌",似乎他这个人除了会"瞎掰"啥也不懂。爸爸对此耿耿于怀。为了给我起个称心如意的名字,据他说都快把《康熙字典》翻烂了,最后才从数以万计的汉字中遴选出"鸿飞"二字,取"有鸿鹄之志,展翅高飞"之意。顺便自夸一把,我虽然没能振翅高飞,倒也没给爸爸丢脸,从小喜欢读书,凡事都爱问个明白。

爸爸常带我去河口玩,因为汀罗这地方除了棉花地,实在没啥可看的。前几年看着人家开着私家车出游,我和爸爸眼红得像大白兔,做梦都想有自己的车。五一前夕,我们家买了一辆别克凯越。我和爸爸美得都快找不着北了。趁着五一放假,爸爸一脸自豪地驾着自家的"宝马"载着我去逛河口。第一次坐在自家的车上,我心里就一个字——爽!一会儿坐着,一会儿躺下,就差在车上拿大顶了。

折腾够了,我随口问道:"老爸,你小时候出门坐什么车?"

"车?哪有什么车?就靠两条腿。爸爸像你这么大的时候,家里连辆自行车都没有。那时候,我们村有个劳动模范,叫王大发。因

为种棉花种得多，县里奖励他一辆'金鹿'牌自行车。你猜怎么着，他在墙上楔了个橛子，每天晚上都把自行车挂在墙上，生怕轮胎沾上土。"

我"咯咯"地笑出声来。难怪爸爸美得连小眼睛都快睁不开了，原来买车对他来说是个难圆的梦啊。

开车就是快，不过十几分钟，我们爷儿俩就到了河口。已近中午，爸爸一高兴，要请我"撮"一顿，我自然来者不拒。但进了饭馆，我便有点儿泄气。看着桌子上的菜单，两眼发直，老半天也没点出一个菜来。倒不是因为不认字，只是那些菜不是太甜，就是太腻，实在没胃口。我看看爸爸，突发奇想，问道："爸，你小时候最爱吃啥？今天不妨让你重温一次童年梦。"

"我小时候？哼……"爸爸脸上显出无奈的苦笑。

沉默了良久，爸爸才说："儿子，老爸小时候想吃的东西，他这个店里没有。"

"说说看嘛。"我催促着。

"葱花炝锅，炒豆腐渣。"

"啊？这叫啥菜！喂猪倒差不多！"真搞不懂，爸爸小时候居然盼这一口。在吃上，我的梦想啊，就像《射雕英雄传》里的洪七公那样，做个美食家，吃遍天下。

简单吃了点儿东西以后，我和爸爸去了河口最大的"银座超市"。我拉着爸爸的手直奔二楼的图书专卖区。我对金庸崇拜已久，今年最大的梦想就是把他写的武侠小说全部读完。呵，真巧，这里真有金庸全集，就是太贵了，五百多！爸爸看我对这套书爱不释手，夸张地咬了咬牙，挤出几个字："车都买了，不差几个油钱。这套书，买了！"

圆了我的金庸梦，我和爸爸正想驱车去公园，赶巧碰见邻居王伯伯也带着孩子逛河口。王伯伯一见我和爸爸就开玩笑说："呦！'二胡'！爷儿俩这是又奏的哪一章？"

没等爸爸开口，我抢着说："童年圆梦。"

鸟儿的智慧

曾璐瑶

人们都渴望拥有智慧，因为拥有了智慧就等于拥有了幸福、知识和财富。在我身边，有许多充满智慧的人。然而今天，我却领略到，动植物也有它们的智慧。

在我们江湾老房子门前有一大片空地，地上长满了各种野草，开满了各种野花，也依着时令被农民们种上了各种庄稼。田地四周，"三五成群"地生长着许多小灌木，高的不过两三米，矮的还及不上我的身高。每到盛夏，花草繁茂，景色宜人，可是现在，灰褐色的树枝光秃秃的，成了鸟儿的天堂。

我坐在房中读书，一阵阵春风从门缝中钻了进来，从我脸上轻轻掠过，那么柔，那么暖。深深地，深深地吸一口气，有股说不出的感觉：温暖、舒心……还有小草和花儿的清新味，哦，是春天的味道！"喳喳……"一声鸟鸣打断了我的思绪。我轻轻放下书，仔细地盯着那个小家伙。它先是站在一根枯黄的、弯曲的野草上，见没人，便大胆地飞到空地上来了。它旋转着滚圆滚圆的身体，四处张望，那双黑葡萄似的小眼睛滴溜溜地转动，时不时磨动着那张尖尖的蜡黄小嘴，这简直就是一名侦察兵呀！在确定四周安全后，它便一声令下，将所有的鸟儿都唤来了。明媚的阳光顿时被遮住了，天空变得灰暗起来。一只只鸟儿的身影在门前出现。鸟儿拥入房间，竟吃起瓜子来。

它们娴熟地用嘴巴剥开瓜子壳，食完瓜仁又用嘴巴叼起壳，扔向田野。我呆呆地盯着眼前发生的一切，并没有去将它们赶跑。由于人类的活动，使许多动物的习性被迫发生了改变，幸好它们利用自己的智慧找到了生存之道，以免濒临灭绝。

鸟儿有它们的智慧，能够利用有利条件来维持自己的生命。其实，每种生物都拥有智慧。人们用自己的智慧，发明了一件件物品，发现了一处处美丽的风景，如果也能用智慧让人鸟和谐共处，共享幸福，那该多好啊！

种　　糖

余心怡

风带来远方山上鸟的翅膀，梦带来岁月的歌唱。

曾经听老师说过"种瓜得瓜，种豆得豆"的道理，突然，一个古怪的想法涌现在我的脑海里，如果我种下一些糖果，会不会也能结出许多糖果呢？

于是，我准备做一个小实验。

那是一个红莲绽放的季节，我到大街上买来一个花瓶和一些糖果，我把这些糖果种到了花瓶松软的泥土里，想着：这些糖果一定会长成参天大树，树上结着五颜六色的糖果，开满在人生岁月里。这些糖果一定会让我以后平淡的人生变得丰富多彩，甜蜜无比。把糖果种进泥土里后，接下来便是长久的等待。

平淡的岁月一天一天过去了，我望着窗外，心里想：我种下的这些糖果真的可以长成参天大树，会在某一天照亮我前方的道路吗？

一个月悄无声息地过去了，我迫不及待地跑到了阳台上，结果却令我感到失望，我那种下的糖果没有任何反应。我疑惑地扒开泥土，发现我在一个月前种下的那些糖果，已经变成一摊糖水，梦想中的七彩糖果树破灭了。我是那样无奈。

我把这件事告诉妈妈，她哈哈大笑，说："孩子，你真傻。不经过汗水的浇灌和勤奋的培养，是种不出累累硕果的。"一句话，让我恍然大悟，豁然开朗。

从此以后，我坦然地面对生活，没有奇怪的幻想，好好学习，要换回我那丰硕的果实！

甜甜的糖果里有我的梦想，松软的泥土里有我的追求。

睡意蒙眬中的洗衣声

黄宇威

独立寒窗，秋雨纷飞。夜色笼罩大地，让人看不清远方。一条蜿蜒的小巷缓缓伸出，我望着湿漉斑驳的小路，知道外婆的家还很远。朦胧之间，仿佛出现了一间矮小的砖屋，从门口流出七彩的泡沫，传来阵阵捣衣声。

爸妈出差一周，外婆特地从乡下赶来照顾我。来时屋外正下着大雨，外婆撑着一把老旧的伞。我家离车站很远，真不知道她是怎么一步一步走过来的。我不说话，只是坐在一旁，看着外婆捧着碗吃着刚煮好的水饺，很慢，就像一个刚学会吃饭的孩童。外婆的指节附在碗上，皮肤老皱，如干枯的橘皮，指甲盖里还嵌着黑色的污泥。这是泥土留给她的印记，她在泥土上劳作，土地给了她一身麦粒的清香，清甜的玉米和成熟的稻谷给予了她满脸时光的沟壑，里面盛满了金黄的阳光。她也曾拥有过一双白嫩细腻的手，她用它们扶过犁耙，她用它们举过铁锄，她用这双手挑担施肥，将儿女养大成人，自己却行将老去。眼前的这双手，让我心里隐隐作痛。

我洗了澡，把换下的衣服放到墙角，便钻进了温暖的被窝。没一会儿，外面传来一阵洗衣机的轰鸣声，那声音如同数万只蚊子在我耳边嗡嗡作响，让人心烦，不能入睡。一时冲动的我不顾外面的寒冷，冲到门口大喊："好吵啊，还让不让人睡觉了！"门外传来一阵急促的脚步声，那烦人的声音立刻没了。

我慢慢睡去，但还是隐约听到一阵断断续续的洗衣声。"这么晚了，是谁在洗衣服呢？"我又走了出去，刚一下地，就感觉到了刺骨的冷，两只手臂上也起了大大小小的鸡皮疙瘩。我一步一步走到门外，找到了声音的来源处——卫生间。

卫生间里，外婆正用她那枯树皮般，不，不是枯树皮，她的手已经冻成了"紫树皮"。她正用她那"紫树皮"般的手洗衣服，在洗衣服的过程中，她不断地向自己的手吹热气，但毫无效果。

我忘记了寒冷，走过去为外婆的双手取暖。过了一会儿，我半开玩笑地对她说："怎么不用洗衣机呢，冻坏了双手谁来帮我洗衣服呢？"她用她那不太标准的普通话认真地回答我道："我怕你被吵到了，所以不用洗衣机。""外婆，明天再洗吧。"我偏过头，不想让她看到我脸上那温暖的液体。

看着盆里就要洗好的衣服，又想起了外婆的手，我的脸上又滑过一滴泪。睡意蒙眬中那阵阵洗衣声，在我耳畔回响。

短暂的穿越

曹可乐

一下车，我们就像一群荷兰草原上的小马一样，飞快地奔向南通博物苑的大门。穿行其间，一草一木，一石一水，都让我们格外新奇。

不知不觉，我们跟着老师来到了恐龙馆门口，同学们显得异常兴奋。我们迫不及待地走进去，光线有些昏暗，迎面遇见一具极其高大的恐龙骨架，令我们大吃一惊。我仰起头，仔细地打量着，那恐龙长长的脖子直插屋顶，像在引吭高歌，又像在极目远眺，不知它生活过的那个久远的年代曾经发生了怎样惊心动魄的故事……

正在同学们兴致勃勃地对恐龙骨架议论纷纷时，突然，馆内一片黑暗，低沉的音乐在身边响起，大家从这突如其来的惊恐中回过神来，原来，恐龙骨架的头顶上方有一个电子屏幕，屏幕上开始播放电影，讲述遥远的恐龙时代恐龙兴盛和灭绝的过程。聆听着娓娓道来的讲述，观赏着精彩的画面，还有一阵阵闪烁的光，和着扣人心弦的音乐，在宽敞的恐龙馆我们仿佛穿越到了恐龙时代，穿越到了那个神秘无比的世纪。翼龙、三角龙、霸王龙、慈母龙……穿行在我们身边，与我们亲密接触，时而让人惊喜，时而让人畏惧。

就在大家沉浸在梦幻般的境界中时，馆内四周的小灯突然亮了，电影结束了，我们如梦初醒。走出恐龙馆的时候，苑内依然阳光灿烂，我的心里多了一份对生命的理解，多了一份对生命的敬重。

不必说出的爱

胡俊峰

每天晚上，妈妈都要我先去洗澡，而妈妈每次都在我洗过之后才洗。我想：妈妈为什么总要我先去洗呢？

满怀不解的我一到学校就开始到处询问。同学们告诉我："也许，你妈妈是想让你先洗澡后写作业吧。"

我心里的石头终于放下了，不再纠结于此事。然而，有一节语文课上，我读到了一篇文章，题目是"一度爱"，我先前的疑虑又显现了出来。在那篇文章里，作者讲述了一个温情的故事：每天晚上，母亲总是第一个进去洗澡。因为这样能让浴室里弥漫着暖暖的水汽，等孩子进去洗的时候就会被包裹在暖暖的水汽里，这样，母亲无形中给孩子增加了"一度"的温暖。

我原有的疑虑突然又冒了出来："我的妈妈先让我去洗澡，会不会是想让她自己暖和一点儿呢？"

我的心开始变得焦躁和厌烦起来。我开始对母亲产生了抵触情绪，每次都和她对着干。母亲发现了我的异常，便拿来水果讨好我，可我并不领情。每天晚上，我都躲在被窝里哭。

事情发生转变是因为一次偶然事故。有一次，妈妈上夜班，在单位里洗了澡。那天，正好我们家的水管爆裂了，我叫了楼下的王叔叔来修理。王叔叔走的时候说："你妈妈上次叫我来修，说热水只够一个人用，你用的时候得多注意时间。"

突然间，我明白了一切。原来，母亲不是为了让自己"暖和"，而是把温暖留给了我，自己却独受寒冷。我的心里，仿佛吹过一阵瑟瑟的风，顿时，愧疚丛生。

妈妈回来时，我红着眼，问："妈妈……你每天洗澡的时候冷吗……你在单位里洗澡有热水吗？"

母亲愣了一下，突然醒悟过来："你……都知道了？"

我们紧紧地拥抱在一起。我想把我身上所有的温暖都传递给母亲，而母亲仿佛也想把所有的温暖都传递给我。

我这才知道，有些爱，原来是不必说出口的。

怪异的体育课

林诗源

上张主任的体育课，总会有一些怪异、奇葩却被张主任称为优美的动作。

今天，又有三个怪动作等着我们，还有点儿难。

动作一：僵尸蹲

难度等级：五星。

可悲指数：两星。

刁难人的张主任要求我们把手伸直，前平举，弯了一点儿要被GAME OVER！蹲要蹲得彻底，速度也不是一般地快。"一！"张主任一声令下，同学们七歪八倒地蹲了下去。嘿，同学们的蹲法可真多样化呀！有的胖子耍赖，不蹲下去，最奇葩的就是杨丰铭，只见他瞪大双眼，一跨马步，手放在腰间，鼓紧腮帮子，有点儿像气功派；有的女生够苗条，一下子就做了好几个，特牛；而我，唉，不好意思说了，脚打滑，一屁股坐地上了。

动作二：揉肩加抬腿

难度等级：六星。

可悲指数：无数。

这个更不可理喻，张主任居然叫我们揉右肩抬左腿，揉左肩抬右腿。许多同学不是揉了左肩抬了左腿，就是抬了右腿揉了右肩，我敢说，最累最狼狈的就要属我了！我身体的柔韧性一点儿也不好，要做好这个动作，必须把头伸出去，还必须得伸得老长老长，像只乌龟一般。可不幸的是，我的正前方是牟长航，你们想想，一个女生，一个很爱面子的女生，对着一个男生伸长脖子，多尴尬，何况我本性不是这样的。虽然他没注意我，但我还是备感难堪，呃……

动作三：弹跳加转腰

难度等级：一星。

可悲指数：三星。

这个动作，不难，但特妩媚，且很让人崩溃！要求是空中弹跳，外加左右扭腰各一个。对于我们薄脸皮的人来说，"不敢丢面子，不好意思做，难，饶命！"可是，对于一些厚脸皮的男生来说，"这可简单，看我来个360°大旋转！"虽然，结果是重重摔在地上，半天爬不起来，但是这动作，就跟跳芭蕾一样，只差了一条裙子而已。呵呵，这动作张主任做起来很是优美，而于文祚做起来很则是夸张，每当看到他胖胖的身体在空中艰难蠕动时，我就莫名地仿佛看到穿着紧身裙的他被导演训斥，呵呵……

侃侃教室里的座位

王春雨

教室里的座位，每天就那么几排，好像一成不变，同学们都已司空见惯。不过，仔细研究一下，其中还真藏着许多奥妙呢！

教室第一排，属于"先遣部队"，得时时做好冲锋陷阵的准备。上课回答问题，老师检查背诵，总爱从第一排开始。由于第一排同学的"舍己为人，奋不顾身"，为后面的同学赢得了准备思考的时间，每次下课，总听见后面同学在衷心感谢："谢谢你们，你们真是前人栽树，造福后人啊！"当然，教室第一排，就在老师眼皮底下，得处处留心，想小声嘀咕一下，想做个小动作，偶尔想打个瞌睡……还是赶快驱散这些念头吧，要知道你的位置可是无遮无挡，老师一览无余啊。难怪坐在第一排的同学常常能成为学霸呢！

教室里最惬意的位置要数两边靠墙的窗户下，这样的位置相当于飞机上的"头等舱"。听课累了，靠着墙休息会儿吧，是不是特别舒服呀？教室里的每个人都想坐这样的位置，可惜靠窗户的位置实在太少了。坐在窗户下的同学还有一项特权——随时掌握窗户的开关权，他才不用管其他同学是冷是热，想开就开，想不开，"叭"的一声，那也是毫不留情的。当然，一到冬天，这些位置的优越性更是不用提了，如果你一不小心得罪了其中一个，他准会把窗户开个大大的通风口，自己则缩着头躲在窗户下，还会"嘿嘿嘿"地朝着你笑。当然，坐在窗户旁的同学还肩负着一个"重任"——"放哨"！一句"老师来了"能瞬间让人声鼎沸的教室变得鸦雀无声，这时他们就会露出异常得意的笑容来。

怎么样，教室里"座位"的学问还真不少吧！看来真是只要处处留心，就会时时有新发现哦！

风景这边独好

何 洁

乘着乌篷船，喝着绍兴老酒，欣赏着周边美好的景物。这是一种别样的享受。然而我最渴望的还是体验一番鲁迅笔下的看社戏的滋味。当碧绿的草坪上已人头攒动时，我下了船，朝社台边走去。

紧接着，岸边的船都靠拢了，每一条都排得井然有序。船上的老人个个悠闲自在，挥动着蒲扇，嘴里还哼唱着几段顺口的绍剧，高亢圆滑的音调缓缓入耳。我想：我盼的，甚至是大家都盼的社戏快开始了吧？

大概过了几十分钟，社台上的空地上一下子挤满了人，纷纷议论着这回唱的是什么，演的是什么。当天空中还残留下一抹淡淡的夕阳时，一阵锣鼓敲响了，二胡奏鸣了，大戏真的开始啦。大家都变得安静起来，没有一丝声音。

戏台上有一素衣女子如泣如诉地低唱着，身子亦随着唱腔有节奏地抖动着，慢慢地屈下身去，朝左侧前倾。我听不清那女子在唱些什么，但那悲悲切切的唱腔令我的心里一颤，一股热流冲出眼眶，我潸然泪下。泪眼模糊间，只见她猛然起身，那哭腔也随之提高，然后决然甩袖而去，似乎下了坚定的决心。那悲怆的高音犹如晴天霹雳，震撼全身，一时间，我呆呆地站在那里，不再想些什么，满头满脑就只

有这一腔悲声，整个人就像灵魂出窍了似的。周围那些老戏迷们早已沉浸其中，他们时而脸上浮现出微笑，时而蹙起眉头，让我这个不懂戏的人，一看他们的脸色便知一二，这些传统的艺术就是这么美好！

快八点的时候，社戏结束啦，天色也不知不觉地变黑了，紧接着，锣鼓敲响了，村民们却停留在那里，迟迟不肯离去。远处，大大小小的乌篷船也渐渐消失了，桥头乘凉的老头也拿着蒲扇失去了踪影，一切都变得平静下来，人烟寥寥，唯有社台还矗立在水边。

叶子来比美

朱咏妍

秋天是一位惹人喜爱的小姑娘，她的魔法高超，只见她轻轻地吹一口气，秋天的树叶就变得千姿百态，五彩斑斓。

不信你瞧，校园里的银杏树枝干粗壮，高大挺拔，仿佛一把把撑开的黄色大伞，在秋日阳光的照耀下显得格外夺目，远远望去，树上的叶子就像一堆堆闪烁着耀眼光芒的金子。不由自主地，我来到树下，抬头望去，满树的叶子层层叠叠，一簇簇，一蓬蓬，你拥着我，我抱着你。叶子颜色各异，有的还没有完全变黄，稍带着一点儿绿；有的浅黄中还带着一丝棕褐色；有的深黄中显现出一缕缕红色；还有的叶子竟然是淡橙色的……

我捡起脚下的一片银杏叶，仔细端详，好一把小巧玲珑的折扇，精致得令人爱不释手！叶片边缘如同一条弯弯的波浪线，酷似女孩子的裙摆，细细的叶脉若隐若现，叶柄细细长长，叶子表面光亮柔滑，翻过来仔细一看，纤细的纹路整齐细致，摸上去微微有点儿粗糙。轻轻吸一口气，一阵若有若无的幽香令我心旷神怡，这是银杏叶的清香，也是秋日的味道。

一阵风吹过，满树的叶子"沙沙"作响，好似银铃般清脆，银杏叶子一边相互打着招呼，说着悄悄话，一边纷纷扬扬地落下，好像在进行跳伞比赛似的，争先恐后。这边的像金黄的蝴蝶随风舞动，那边的仿佛舞蹈家婀娜多姿地旋转，大家飞舞着投入大地妈妈温暖的怀抱，不一会儿，地上就铺上了一层"厚厚的地毯"。

如果说银杏叶是英俊潇洒的绅士，那么校园里的枫叶就是温柔美丽的少女，个个身材苗条，衣着时髦，尤其喜爱红色的秋装。枫叶总是三个一伙、五个一群地聚集在一起，火红火红的，如同一团团跳跃的火苗。淅淅沥沥的秋雨飘洒下来，我眼中的枫叶分外娇美，伴着微风，轻轻低语……

如果要举办"秋天的树叶"选美大赛，你心目中的冠军会是谁呢？

来去匆匆的暴风雨

王晓宇

这雨说来就来，可真奇怪。上午还晴空万里，下午老天爷就板起了脸，好像谁欺负了它，它把乌云从一边拉过来，遮住自己愁眉苦脸的表情。天空暗淡下来，空气也更加闷热，一股股黑云聚在一起，不断地翻腾着，好似一匹匹黑色骏马从远方奔来。一道道闪电好似一把把闪着寒光的匕首划破了漆黑的天空，震耳欲聋的雷声把街上人全都吓得四散逃回家。接着便是狂风肆虐，它们露出狰狞的面孔，发出一阵阵狂笑。小树无力地挣扎着。一场暴风雨就要来临了。

暴风雨来了，暴风雨真的来了。刚开始一滴滴豆大的雨珠砸下来，噼噼啪啪地落在地面上，把满是灰尘的路面砸出一个个小土坑，刚过几秒，雨就变得更大了，像泼，像倒，天地之间形成了一幕巨大的水帘。雨在风的撕扯下变成了一支支利箭，树儿被拧弯了腰，小草虽然还在与暴风雨做顽强的抗争，但是顷刻间就被雨水淹没了。天地之间早已是白茫茫的一片，整个世界笼罩在蒙蒙的雨雾中。雨点从天上冲下来，地上马上开出一朵朵晶莹剔透的小水花，水花就像一颗颗透明的水晶钻石一样。大街上的行人一个个成了落汤鸡，汽车前面的雨刮器在很努力地刮来刮去，不断地喘着气。

暴风雨来得快去得也快，渐渐地，雨小了，停了。太阳终于露出了笑脸。空气格外清新，一切都被冲刷得干干净净。冲完澡的房屋颜色更加鲜艳，树木的衣裳带着滚动的雨珠，在阳光的照耀下闪闪发光；花朵正在怒放，好似一名少女，身上金光闪闪的珍珠给它增添了几分妖娆的色彩，分外迷人。

这就是暴风雨，它看似毁灭了一切，实际上正是它，使得世界变得更加美好。

第一次当妈妈

胡杰楠

我一直有一个愿望,那就是当一回妈妈。同学们知道我这个愿望后,都嘲笑我说:"当妈妈有什么好呀?"我生气极了,冲着他们喊道:"当妈妈就是好!可以管我们这些小屁孩儿,口袋里可以有很多钱,想买什么就买什么……"我的理由一大堆,没有人再敢嘲笑我了。

星期五晚上放学一进门,妈妈就兴高采烈地迎上来说:"宝贝儿,妈妈涨工资了,走,今天我带你去吃烧烤。"我喜出望外,心想:嘿嘿!趁妈妈在兴头上,我正好就……我对妈妈说:"啊!太好了,不过我还有个请求。"妈妈很好奇地问:"什么请求呀?"我小声说:"明天星期六不上学,能不能让我当一回妈妈呢?"我低着头,等待着妈妈的责骂。没想到,妈妈竟然爽快地答应了,我欣喜若狂,那晚的烧烤吃起来特别香。

第二天早晨,我还躺在床上呼呼大睡,妈妈大声喊道:"起床了,胡杰楠!"我用枕头盖住头,手一挥说:"别忘了,今天我是妈妈。"妈妈脑筋一转,又大喊:"我要吃早饭!"我无可奈何地跳下床,穿好了衣服,走进厨房,学着妈妈以往煎荷包蛋的做法,打开煤气灶,往锅里倒了些油,听到"噼里啪啦"的响声,打了两个鸡蛋放

进去，就打着哈欠去刷牙洗脸。迷迷糊糊地还没等洗完脸，就闻到了一股煳味，赶忙冲向厨房，伸手关掉煤气灶，谁知忙中添乱，我一着急把开关转反了，火更旺了，连忙反转，关了煤气灶救出鸡蛋。唉！还好，鸡蛋还没有完全煳掉。我倒了两杯牛奶，把荷包蛋和牛奶端到妈妈面前，没好气地说："吃吧！"谁知道妈妈还不依不饶："不嘛！我不吃煳鸡蛋！"没办法，我只好带头吃起煳了的荷包蛋。

中午，我正在看电视，妈妈一把把遥控器夺了过去，我刚要抢，妈妈却说："哼！今天我是宝宝，你要让着我！"我听了七窍生烟，直跺脚。我趁机对妈妈说："给我钱，当妈妈的口袋里至少要有钱吧！"妈妈一愣，从包里拿出二十元钱递给我。我得意极了，喜滋滋地走出门，刚要下楼去买冷饮，却听到妈妈唱起了歌："啦啦啦，钱是有限的哦，中午买了冷饮晚上就不能买巧克力啦！啦啦啦啦……"

我一听，一屁股坐在地上。

唉！当妈妈真不容易呀！

给那个司机点赞

缪雯叶

铅灰色的空气黏腻在城市上空，雨水混合着汽车的喇叭声在耳边炸响。路人行色匆匆地走过，冰凉的雨雾无限地延伸着，交织着，一直漫进人的心里。

我无奈地叹了口气。举起了无数次的手再次无奈地放下，一辆出租车从身旁飞驰而过，溅了我满身的泥水。雨打在脸上，凉凉的。

又是一辆出租车过来了！我不死心地再次招手。车，终于缓缓停在了我身边。没时间再打量这辆出租车，我只想逃离这灰蒙蒙的雨，便一把拉开车门，钻进了车里。

"小姑娘，要去哪儿？"温暖的微笑，把窗外冰凉的雨都烤得暖融融的，也暖了我被雨水打湿的心。"去碧云小区。"我笑了，把自己缩在这暖暖的小车里。

身下是精致的软垫，还放着两个可爱的抱枕。车窗上挂着印满鲜花的窗帘，就像明媚的春天。车内吹着的暖风融化了我的沉默："师傅，出租车里布置得好温暖哪！"司机自豪地笑了，说："我喜欢让乘客上车感觉暖暖的，下车也感觉暖暖的。"是的，有些车上很不卫生，座位上有黏黏的可疑的脏东西，还有熄灭的烟头什么的。司机总是抱怨乘客不爱护车。可是，如果车上布置得可爱温馨，谁又忍心破坏呢？

"车上一直这样吗？""是呀，也许别人不理解，但我愿意这样做。"看着司机温暖的笑，我想我明白他的用心。

虽然出租车司机是一个很平凡的职业，没有鲜花，没有掌声，也没有可观的收入，但他却通过自己的努力，把这份平常的工作变得美好而灿烂，把单调的生活变得精彩如诗。真的很好啊！

"我唱支歌给你听吧？"

我又是一愣，还有这待遇？"虽然我一开始唱得不太好，但是，今天比昨天好，昨天比前天好，我一直在努力，一直在进步……""好啊好啊，爱唱歌多好啊，越唱越开心。没人欣赏的时候，也可以唱给自己听。"我鼓励着，自己的心中也是波澜起伏。要知道，在很多时候，有些事只需要做给自己看就好，而这个道理很多人都不明白。歌声缓缓响起，我看到司机的眼睛亮晶晶的，脸上流光溢彩。

车窗外，雨仍然笼罩着城市，却不知道太阳也在悄悄蓄力。一曲终了，司机调皮地一笑，说："你看，唱得这么好，给我点个赞吧！"我终于大笑起来，不免调侃他一句："我也是醉了……不过，给你一个赞吧！"

车缓缓停了。

没想到，从学校到家这短短的路程，也能变成愉快的心灵旅程。

司机师傅温和地笑了，说："到了，记住拿好东西。"带着暖心的提醒，我下了车，感到全身充满正能量。

我轻轻地伸出大拇指，为他的时尚点赞，为他的敬业点赞，为这一段美好的旅程点赞！

洗校服的记忆

严 寒

周末的早晨，阳光温暖。我把穿了几天的校服换下来，拿给妈妈洗。

要洗的衣服不多，又是夏天，妈妈就用手洗。妈妈先把校服浸在水里。校服的质量不好，很容易褪色，水被染成了蓝色。把校服拧干，校服就变成了一大坨，全部皱在一起。妈妈照她的经验在水里放了一点儿盐，又浸泡了一会儿。

过了半个早上，妈妈终于把校服洗好了，太阳开始变得炙热，只见妈妈的头上已经冒出了汗珠，衣服也被水溅湿了，她并没有在意这些，而是把校服端到四楼晾晒。

晒衣服的架子是用木头做的，没想到把衣服搭上去会染色，我的校服上有一块白色的地方被染成了黄色，穿起来显得有些难看，也让人觉得有点儿别扭。妈妈见了，心里很不安，老是念叨着："怎么正好染到这块白色的料子上呢？真是难看极了。"

　　挨到星期三傍晚，妈妈迫不及待地叫我把校服脱下来，决定把校服上黄色的污渍洗掉。她用水洗了很长时间，但效果不是很明显。衣服上黄色的污渍怎么去掉呢？妈妈又去"请教"百度。取柠檬水浸泡、涂牙膏、打一层厚肥皂等方法被妈妈一一搜出。清洗时，妈妈在脏处均匀地涂上一层牙膏，用毛刷轻轻刷上几分钟，再用肥皂搓洗。校服慢慢变得干净了，在水的浸泡下就像新的一样。为防止衣架褪色再次染到衣服，妈妈用晾衣架把衣服倒挂着晾晒，这样就不会再染上这种黄颜色了。

　　如今，每次穿起这件特别干净清爽的校服，我的眼前就会浮现出妈妈帮我洗校服的情景。

　　"你入学的新书包，有人给你拿；你雨中的花折伞，有人给你打；你爱吃的（那）三鲜馅有人（她）给你包；你委屈的泪花，有人给你擦……"

　　耳畔似乎响起阎维文的歌声，我回过神儿来，微笑着在电脑上敲下一行小字：爱可以有千千万万种，母亲的爱，是最无私的那一种。洗校服的记忆，是一首动人的爱之歌。

我喜欢的汉字

陈奕瑄

汉字是中华民族文化的结晶。我最喜欢的汉字就是"聪"。

它的结构是那么丰富,横竖撇捺钩折点,啥都不缺,但看上去又那么简单明快。

我之所以喜欢它,是因为只要做到了"聪"字要求的四点,就可以变成一个聪明的人。哪四点呢?请听我一一道来。

左边的"耳"字代表我们要多用耳朵听,听长辈和老师的教导。右边上方的两点,代表要多用眼睛去看、去观察。右边中间的"口"代表要多说,多回答问题,把自己的观点用"口"大胆地说出来。而右下方的"心"代表做事要专心,要多想。每个人都必须有自己的想法,不能够别人说什么,你自己也说什么,人云亦云。

我就是利用这四点让自己越来越聪明的哦!

记得那一天,只有我和弟弟两个人在家。起床后,我发现前一天我放在床头柜上的笔不见了。我马上着急起来,那可是我最心爱的笔呀!我把房间的每一个角落都找遍了,还是没有找到它。忽然,我隐隐约约听见了脚步声,便立马躲起来,就在躲着的时候发现弟弟的手指印印在了我前面的床头柜上。啊哈,我马上找来了弟弟,发现他的手上就拿着我的笔。我长长地舒了一口气,原来是他这个淘气包拿了

我的笔呀！如果我不仔细观察，不用心思考，能找到我的笔吗？

听了我的故事，你是不是也喜欢上了"聪"这个字呢？记住，要多听、多看、多说、多思考，才能变聪明哦！

街头"小吃家"

刘文转

冬日的黄昏总是那么早到，下午放学时，已是暮色四合。拖着疲惫的脚步随着浩荡的人流拥出校门，马路边上几辆叫卖小吃的手推车便十分招摇却又自然地映入了我的眼帘。

每辆车上都挂着暖黄色的灯，争相冒出腾腾的热气。远远望去，像闪耀在淡淡夜色中指路的星星，急切地呼唤着贪嘴的食客。

看吧，这群伏案学习了大半天的疲惫之师，任凭西北风飕飕地吹乱他们的头发，也要蜂拥在昏黄灯光下的小推车旁，努力吸吮着让人倍感温暖的热气和那令人垂涎的香气。只有此时，才能够从他们的眼中看到与其年龄相称的活泼的亮色。背着硕大的似乎不能再沉重的书包的他们一手高擎着几乎是自己全部家当的那几枚硬币、毛票，一手指点着自己心仪的食物，心里还急速地做着"预算"……交易成功后，一边开心地叫嚷着"小心烫着哦"，一边小心翼翼地挤出人群，虽然瑟缩着脖子但却万分惬意地吞咽着手里热气腾腾的夹饼、烤串儿、面鱼儿……那时，就连匆匆的路人，似乎也可以感受到"小吃家"们的食物顺着食管愉快地滑入空荡荡的胃里时的美妙吧。

通常情况下，我更偏爱烤地瓜、热糕之类能捧着暖手的小吃。热气腾腾的烤地瓜在两只手中翻腾、旋转、去蒂、剥皮，嘴巴则一边巧妙地配合着呵去热气，一边选准角度来上一口，那种非一般的感觉，哈，简直妙不可言!

要我说，街头小吃，好就好在"街头"二字上，食物真正的味道反而不那么重要。因为，那样的经历对许多街头"小吃家"来说，每一次都无异于一场"冒险"。

通常，小推车安放的位置不够隐蔽，很容易被走出校门的老师抓个现形；而且，手里捧的、嘴里吞的，又都是爸妈嗤之以鼻的玩意儿，所以必须要匆忙吃，躲闪着吃。所以，以这样一种迅雷不及掩耳之势吞食小吃，根本无法顾及食物的滋味。但就是这种半地下活动，却一直让街头"小吃家"们乐此不疲（这一点，从校门口小推车的数量不减反增上可以得到验证。嘿嘿，咱可是实地调查过的！）——吃的就是那个刺激味儿，要的就是那个"热气灌冷风"的感觉！

爸爸知道我有这样的"癖好"后，一天下班路上特意绕道，精心选了一块我曾赞叹不已的烤地瓜带回来。可是，不知怎么的，当我终于可以光明正大、一本正经地坐在餐桌前享用烤地瓜时，那同样热气腾腾的烤地瓜，竟然也如《社戏》里迅哥儿第二天吃的罗汉豆一样，怎么也吃不出那曾经令人着迷的味儿了。

挽回那一缕微笑

唐欣茹

那一刻,我分明看到您布满皱纹的脸上微笑散尽……

那是一个夏日的傍晚,夕阳的余晖洒在我们这群学生身上,大家很是开心。刚放学,我们背着书包兴奋地跑向校门。我眯着眼望望四周,在楼梯边发现了一个熟悉、苍老的背影——是爷爷。他佝偻着坐在楼梯上,捂住嘴咳了又咳,又用手轻轻地捶捶双腿,并望向门外的家长。"哎?怎么有个老头子坐在地上啊。""就是就是,地上多脏啊。"……我听见路过的同学都在议论纷纷。

我立即涨红了脸,赶紧跑过去边拉爷爷起来边说:"您怎么坐这儿呢?"爷爷用手撑着地,艰难地站了起来。他低头望着我,阳光洒在他的脸上,亮亮的,暖暖的。他黝黑的脸上布满了皱纹,嘴角微微扬起,慈祥的笑如一缕阳光。"保安见我腿不好,让我先进来了。中午吃饱了吗?"爷爷伸出手要摸我的头。"那您也别坐在楼梯上啊,多寒酸啊!"我躲过他伸出的手,撇了撇嘴。听我这么说,他脸上的微笑一下子淡了许多,只留下一丝尴尬:"这不是为了接你,腿疼嘛。""腿疼就不要来接嘛!"我耍起大小姐脾气,提高了音量。他凝视我许久,想说什么,但终究什么也没说。最后,那一缕微笑在他脸上散尽了。

那一刻，愧意胀满我的心胸！爷爷，您知道我有多后悔吗？假若时光可以倒流，那一刻，我会让您朴实、黝黑的脸上散发出光芒，让那一朵微笑一直绽放在您的脸上。

镜头回到那一个夏日的傍晚——我在校园门口看到一个熟悉的身影，是爷爷！

我蹦蹦跳跳地跑了过去，一边拉爷爷起来，一边笑着与他开玩笑："老人家，您咋坐地上呢，您孙女让我告诉您，'她怕您着凉呢'！""哎呀，呵呵，我孙女不就是你嘛，你这个小屁孩儿，嘴真甜……"爷爷跟我逗笑着。这一刻，我看见爷爷脸上布满了幸福的微笑。"来！我帮你拿书包。"爷爷伸出他那满是老茧的手。"您要给我尝试独立的机会嘛！我自己来！"我笑着推辞了。爷爷也笑了，我看见他的脸上满是骄傲、满是温暖，他的笑容里，洋溢着惬意与满足。

如果时光可以倒流，倾尽全力，我定要挽回爷爷脸上那一缕微笑！

记忆中的年糕

王昕悦

不知道别的地方冬天的饭桌上有没有年糕，我记得在我小时候，年糕是很常见的。早上，碗里放一整条年糕，上面浇上粥，加上一点儿自家腌制的咸菜，可以算是一份不错的早餐了。中午的饭桌上也会有炒年糕这道菜。将切成块的年糕蒸熟后，再放入锅中用糖水过一遍，有时还会放入玉米一起翻炒，炒熟后用盘子盛上。这样，白的黄的，搭配颜色鲜艳，吃上一口，香糯滑口，真是一次视觉和味觉的盛宴。

我的家乡有一个传统，腊月时，人们总会去打年糕。先将晚稻米和糯米按一定比例混合浸泡，四五天后，捞出沥干，便可以拉去加工坊加工了。

我小时候跟随大人去过加工坊。加工坊离外婆家比较远。糕，高也，预示日子一年比一年好。一到腊月，打年糕的队伍特别庞大，我们天不亮就得起床去排队。不过这一路对于我来说是惬意的，坐在人力板车上，吃着从家里带的热乎乎的饭团，摇着双腿，随手扯下路边的小树叶子玩，轻哼着歌，不知不觉就到了。

打年糕的人不少，大多数都是外婆认识的乡里乡亲。他们会帮助外婆将桶从板车上搬下后再搬到加工坊内，还有人会过来摸摸我的头，亲昵地说道："这孩子又长高了！"接着又会进去帮助外婆打年糕。看着一粒粒米变成一根根年糕的时候，人们是开心的，感觉自己的努力有了回报。

刚打出来的年糕要放在竹排上晾一会儿，直到表面晾干，变光滑了才可以收。每次晾晒年糕时，我的眼睛就会直勾勾地盯着竹排上的年糕。这时外婆总会善解人意地从竹排上拿一根给我这个小馋猫吃。我用洗净的小手捧着年糕，张开嘴一口咬去……

我很怀念和外婆去打年糕的时光，怀念那些有年糕的日子，因为那里有童年的回忆，有唇齿留香的惬意与舒畅，有对"民以食为天"的天然推崇，有邻里互助的热情，还有浓浓的年的味道……

小卖部，我来了！

张哲露

"哈，亲爱的小卖部，我来了！"我摸着饿了4小时59分59秒的肚子，向小卖部的方向快速挺进。刚刚挤进人群，一回头，我最不愿意看到的一幕出现了——一个庞大的"敲诈兵团"正在向我靠近！我见势不妙，正想往外溜，可是为时已晚，十几只大手拼命地把我往人群里推，口里还不断念叨着："大姐，你就牺牲一下吧！"我知道，牺牲的绝不仅仅是我的体力啊，还有我的人民币！而我能做的就是听她们"点菜"。拥挤的人群中，我摸了摸有些干瘪的口袋。

"嗯，我要一根棒冰……"老李的嘴一张一合轻轻吐出几个字，同时伴以一个温柔的"伪笑"，"另外……"在她就要蹦出"还要"俩字之前，我赶紧打断她："下一个！"

"我也要棒冰。"其余四个人以12级地震般的声音喊道，把我吓得一哆嗦。不等我同意，她们便齐刷刷地转身，挽着手优雅地走了，只留下我一个在人群里继续奋斗。难道我与她们分享是应该的？不然呢，平时也吃了她们不少，该还还是得还，拼吧！

偌大一个学校，近三千人，才有一个比我家卧室大不了多少的小店，如果不挤就不正常了。那场面，正像宋丹丹阿姨描绘过的"红旗招展，人山人海"，而且每天如此！看来这家店的老板真是赚翻了！

在进行了长达三分钟的人肉搏斗后,我终于被拱得"脱颖而出",站在了最前排,挨到那装的全是好吃的、花花绿绿的玻璃台了,那兴奋就别提了!要知道每天有多少人持币望"食"兴叹啊!为了快速逃离这个稍作停留就会窒息的"是非之地",我将倒背如流的"菜单"喊得格外响。随之,"啪",一张五十元大钞甩了出去,找回的仅仅是几个可怜的钢镚儿,心疼啊。

我从柜台边扯下两个袋子,将给她们买的棒冰和自己的零食分别装了一袋就往外挤。一不小心,头就扎到了某人的腋下,睁开眼才发现这鬼地方真是"有进无出"啊,人墙越围越厚,我实在无法忍受那个人腋下的"汗香"了,于是将头换了个方向,猛地一顶,决定拼出一条血路来!后脚终于拔出来了,可是一个跟跄,我就与水泥地来了个最亲密的接触,我匍匐在地上,把零食高高举起,巴望着老李她们来救我,可是那些盘剥我的姐妹们早已没了踪影,大概她们正在寝室里等着坐享其成吧!

"挤出小卖部万岁,买到零食万岁!"我爬起来一路狂奔,终于成功到达"老巢"。

寄宿生活交响曲

严 娟

我家离学校很近,骑车十分钟就到了。但为了锻炼自理能力,一开学我就说服了爸妈,卷上一床被子,搬进了学校的女生宿舍楼,奏响了我的"寄宿生活交响曲"。

一、就餐乐章

妈呀！我哪见过这阵势哟！

放学铃声一响，头脑饱饱、腹中空空的我们便麻雀似的成群飞出，冲啊——抛开之乎者也和XYZ，为了我们的肉片和青菜——冲啊！

"飞下楼梯，一路跑；跳上台子，慢慢熬。"如此四部曲下来，有人手捧"胜利果实"感叹"百米冲刺没白练"，有人还伸长脖子向前大喊"有没有了，还有没有凉拌菜了"。盛菜的师傅摇摇头，接下来是一声叹息："哎哟，不知那边还有没有，咱还是撤吧！"

二、洗衣乐章

洗衣服的时候，只见她们麻利地这儿一搓，那儿一揉，不一会儿，飘着清香的衣裤就在"万国旗场"上空惬意地飘扬了。

我自知修炼不够，只得频频使用秘密武器——洗衣粉，两三件单衣，多放几勺"汰渍"，先泡上一晚上，不怕它的顽渍"坚强不屈"，而我，一边揉面似的捏来捏去，一边哼着"汰渍"广告中的"每天洗衣多乐趣"，噢，还不忘加上那句"真正干净"。

三、就寝乐章

一进215宿舍，你就会看到墙上的一幅字"我爱我家"。215宿舍便是我们的小家。它呀，简直是"仙人洞"，九位学姐个个身手不

凡，深藏不露。一位文静的大姐姐平日里话不多，想不到夜里她竟然在被窝里轻唱起了周华健的歌，而且唱得有模有样，音色动听，感情深挚。第二天我们当众问她，她居然一口否认，一点儿也不记得了！乖乖，真人不露相啊，梦里却能唱这么好，厉害，真厉害！

每晚熄灯后，宿舍里总要上演一场动听的交响乐。黑暗里，寂静中，你听："咔嚓"——谁在咬苹果；"咔咔"——有人吃花生；"咕嘟咕嘟"——甭问，准是睡在我对面床铺的那位在痛饮！

这时候的"215"呀，还是"仙人洞"吗？——我怎么看都是"老鼠窝"嘛！

离开爸妈独立生活，的确有点儿辛苦，可是这其中的乐趣，那些飞不出家门的学子怎能体会到呢？寄宿生活的交响曲哟，有苦，也有乐，趣更多！

存钱也"怕怕"

刘永奇

周末，妈妈上班前交给我一个光荣而艰巨的任务，把五百元煤气费存进银行！说是多让我尝尝当家做主的滋味。我的妈呀！这不是要我的命吗？存钱取钱这类事情我可一窍不通的呀！我本想拒绝，可是又一想，如果拒绝肯定又免不了我妈苦口婆心的"教育"，所以只好一咬牙、一跺脚答应了。

五百元钱哪！我反复数着，把它们码得整整齐齐。真是怪哉！平日里，几元的零花钱妈妈都要千叮咛万嘱咐，总怕我弄丢了，今天竟然如此放心。可我却紧张极了，放进口袋吧，又觉得不安全，算了，还是将存折和钱放进包里吧，然后，我忐忑不安地拎着包走出了家门，心里光顾着念叨"上帝保佑"了，可谁料一出门居然就撞到了树上，还冷不丁说了声"对不起"！更郁闷的事情还有呢！平常慈眉善目的看门老伯伯，仿佛成了凶神；买菜的老奶奶竟然看着像蓄谋已久的小偷。反正就是我看谁都不像好人，天啊，存个钱都这么紧张，那要是去取钱还不得带把小步枪？

就这样我紧捂着包有惊无险地来到了银行，我踌躇了一下，进了门。嘿！来办理储蓄的人还挺多！敢情大家生活水平提高了不少，手头的钱多起来了。看见大屏幕上的什么"零存整取""整存整取""年利率"这类复杂的东西，我一下子就蒙了：这些东西和我有关系吗？我要不要输入密码、卡号什么的啊？就这么七想八想了老半天，都轮到我了，我居然还没反应！

我站在柜台前面，发现后面的人都不跟进，和我保持着一米的距离，搞得我跟传染病患者一样。于是我就叫他们前进，可是他们非但不领情，反倒用一种不一样的眼神看我。后来，柜台上的姐姐提醒我说当客户在办理业务的时候，其他的人都要站在"一米线"后面！于是我将存折以及五百元钱交给那个姐姐，然后就想走人。没想到，那姐姐居然递了张单子过来。我想，该不会是发票吧？可没听说过银行还给发票的啊？那姐姐说："看什么？快签名吧！"我心说，签名？要签谁的名？我的还是我妈的？这是我妈的存折应该是签我妈的名吧？于是俨然像家长一样签上我妈妈的大名。随后，我拿起姐姐递给我的存折，"逃"出了银行。

走出了大门，发现天还是蓝的，草还是绿的，不过我的脸啊，早就涨红了！自以为聪明伶俐百事通的我，还是需要多多历练历练的哦！

龙井"问茶"

苏依晨

大家看了题目可能会感到疑惑，为什么是龙井"问茶"而不是龙井喝茶或饮茶？听完我的故事，你就会明白的。

我和爸爸、妈妈清明节假期来到了杭州。听说"明前茶"（清明节以前的茶）是最好喝的，所以我们特地来到了龙井乡，参观了著名的老龙井。这口井不大，但有六十米深，据说用龙井水洗手，手上就会沾满财气和福气。我们打了一桶水，洗完手，就进了一户茶农的家中。

这是一栋四层小楼，主人非常热情，请我们坐下，打开一桶新做的茶叶让我们品尝，我尝了一片，不错，好像有一股巧克力的味道，只是有点儿苦。爸爸妈妈开始品茶，我则趁机上楼去瞧了瞧。

我一口气上到三楼，看见露台上一个叔叔用手在锅里擦来擦去，若不是看见里面的茶叶，我还以为他在擦锅呢。我好奇地问："叔叔你在干什么？"叔叔说："我在炒茶。"我又问："为什么茶要炒呢？"他耐心地跟我讲："制茶必须用锅炒。炒茶有四个关键步骤，第一步叫'杀青'，就是去除茶叶上的青草味；第二步叫'辉锅'，除去水分，将茶叶炒到八成干左右；第三步叫'筛选'，用筛子筛出完整的茶叶；第四步叫'簸选'，用簸箕把茶叶碎片簸掉。我现在做

的是第二个步骤——'辉锅'。"

正说话间,一位七十多岁的老爷爷挑着两筐新采的茶叶回来,他把茶叶铺在凉席上,我凑上去问:"你要把茶叶晒干吗?"他笑笑说:"我把茶叶上的露水晾晾。"我拿起一片茶叶,发现它像树芽一样,黄绿色。爷爷看我拿着相机,冲我招招手,说:"来来,给爷爷照张相!"我给爷爷还有他的劳动成果照了几张相。老爷爷很高兴,抱着我又照了一张。这时爸爸在楼下叫我了,老爷爷掏出一支烟,逗趣地说:"送给你爸爸,叫他一定抽,不然我要生气的!"我跑下楼,把香烟交给爸爸,爸爸也回敬了爷爷一支烟,让我送上楼,老爷爷高兴地点上,说:"欢迎你再来这里玩!"

我恋恋不舍地离开了老爷爷家,虽然没学会品茶,但我学到了很多茶的学问,更重要的是我发现杭州这个地方水好,茶好,风景好,人更好。

妈妈的"赶紧"生活

朱永旭

我妈跟我说话有个口头禅:"赶紧"。这个词出现的频率可谓一句一个。听听,听听,那一阵阵"赶紧"声催得我头皮发麻。

俗话说一日之计在于晨。我妈当然也不会放过这样一个大好时机。她怒目圆瞪,双眉挑起,冲我嚷嚷:"赶紧起来,穿好衣服,吃饭了!""赶紧洗脸,别跟个木头一样呆着。""赶紧吃!别边吃边看书！知不知道几点了？知道还不赶紧！"妈妈的"赶紧"简直让我……

中午吃完饭后，本想让紧张的心情在动画片中放松下来，妈妈却拎着书包立在面前："有作业？有作业赶紧写啊！"

晚上一到家，我一头栽进沙发里。然而，老妈的"赶紧"又在耳边回响。

19：00："把你那爪子赶紧洗洗，一会儿吃到肚子里了。""吃完饭别待着，赶紧帮忙端碗、擦桌！"

20：00："赶紧写吧！作业怎么这么多，要到几点才写完啊？还不赶紧？"

21：00："作业应该写完了吧，还没有？赶紧！赶紧！"

22：00："都十点了，还没……写完了赶紧刷牙、洗脚去，知不知道几点了？有没有时间观念？洗完脚还要赶紧上床睡觉呢！"

实在难以忍受老妈的"赶紧"，我曾经忍无可忍地向老妈抗议："你别这么赶紧，行不行？谁能跟上你的节奏？'神七'也跟不上你的速度！"可老妈根本听不进去，竟然说："我这是急呀！你平常养成慢悠悠的习惯，等到紧急的时候再提速就来不及了！"

唉！屈指算算，我现在才小学五年级，看来我上大学之前，还得跟妈妈过这种"赶紧"生活。

生命七彩虹

张瑾茹

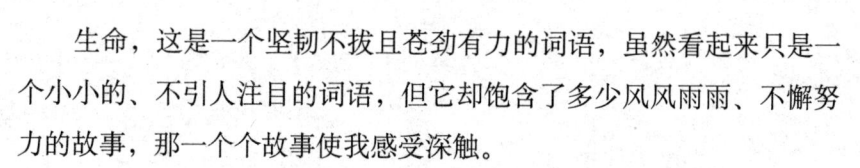

生命，这是一个坚韧不拔且苍劲有力的词语，虽然看起来只是一个小小的、不引人注目的词语，但它却饱含了多少风风雨雨、不懈努力的故事，那一个个故事使我感受深触。

提起生命的含义，我不禁想起了作家杏林子。杏林子在十二岁时，便为"类风湿性关节炎"所困扰，这种可怕的病魔使她腿不能行，手不能抬，头不能转，肩不能举，但残而不废的她凭着坚强的毅力，数十年来坚持自修，成为台湾文坛上的著名作家，著有四十多本散文、小说、传记、剧本，被誉为"台湾最具影响力的作家"。

生命的含义不仅人类才有，动物、植物都有生命。看！在那寒冷的十二月，好多动物冬眠了，人们减少了户外活动，大部分植物也失去了绿色。可是梅花却在雪中不畏严寒傲然挺立，那鲜艳的花朵在寒风冷雪中竞相绽放。梅花在面临苦难时，没有退缩，而是勇敢去面对，这种精神让人敬佩。

还有一次，我在街上看到一个残疾人，他并没有因为自己的身体有缺陷而自卑，而是把头高高抬起，用自己的乐观感染着身边每一个人。难道他这种笑对人生的生活态度我们不应该学习吗？

这一个个关于生命的故事，使我懂得了生命的诠释有太多的方式，生命的含义有太多种理解。生命是七彩虹，它可以让我们看到生活的多姿多彩；生命是七彩虹，它可以让我们感受到人生的丰富内涵。生命比金钱还要重要，因为生命是用金钱买不到的呀！生命还意味着勇气，身体的残疾并不可怕，可怕的是没有勇气再站起来，没有勇气重新面对生活。其实我们的心中只要充满执着，就一定可以在人生的道路上赢得掌声。生命啊生命！你让我看到了生活的苦与甜。生命啊生命！你让我看到了坚韧不拔的可贵精神。生命虽然短暂，但是我们却可以让有限的生命体现无限的价值，让每一个人的生命都更加五彩斑斓。

生命！我一定会好好珍惜你，绝不让你白白浪费。

我尝到了倒数第一的滋味

梁紫蔚

空气中弥漫的沉闷，随着一声哨响飘散了。那条赛道像一幅水墨画，除了黑白，再无色彩，却在我心中经久不散……

第一次参加校运动会，我却满腹不开心，长跑是我的弱项，可不知是哪个多事的家伙替我报了八百米长跑项目。看着名单上那刺眼的名字和所报项目，我实在委决不下，是弃跑还是坚持。经过深思熟虑，把各种可能出现的情况都在脑海中掠过一遍后，我决定：跑吧，就算倒数第一，爬也要爬到终点！

站在起跑线上，我的心异常平静。跑道两边围满了同学，看起来更像是他们在比赛。随着一声哨响，他们一个个随着运动员向前奔去，刚才那一阵凌乱的说话声变成了加油声。

"加油！我看好你！""加油，同桌加油！""加快速度！"他们在为我加油！当这些声音频频传到耳边时，我不禁涌起一股豪气，脚下生出了许多力气似的，不自觉加快了速度。

可是跑第二圈时，我的速度一直在减缓，几乎成了慢跑。"平时看你挺能跑的，今天怎么不行了？"这是老班的声音。听到这句话，我的心几乎碎成了两瓣，我多想证明给他看，我可以的。但是，腿已经不受我控制了，它们一直不听话地说着："好累呀，好累呀！"

"坚持住啊！保存体力！""加油，坚持下去！"同学们的呼喊声在耳边回荡。是啊，只差一点儿就到终点了，可是这时我已经是倒数第一了，早在我跑到大概七百米时，我的对手们已经纷纷越过终点线了！

最后的几十米，我感觉腹部一阵翻江倒海，肺部热辣辣的，呼吸早已没什么节奏了，整个人说不出有多难受！可是我对自己说："别忘了自己说过什么！"我咬牙坚持，终于踏过了终点线。

那天我是真真切切地体会到了倒数第一的滋味：难过、失落、愧疚……也体会到了朋友们对我的真诚、不鄙弃。那时，我在想，我尽力了，努力过，拼搏过，即使是倒数第一，我也不后悔，不遗憾，我更不会放弃继续前进的脚步。

当过一次倒数第一，未必是件坏事，它让我尝到了失败的滋味，也让我重新鼓起了斗志。在体会过一次辛酸苦辣的失败之后，我会鼓起勇气面对更多的挑战，我会更加珍惜得到的机会，也会下定决心永远抛弃倒数第一！当过一次倒数第一，让我更加明白正数第一的不容易，它必然要求我们付出更多的艰辛努力。

是金子总会花光的

王雨晴

我摸了摸空空如也的钱包，长叹一声——都是书刊的错！眼前成堆的书刊便是同学们嘲笑我的理由——是啊，买那么多书刊做什么？

对于他们的嘲笑我并不打算辩解，他们说我把金子投到了无用的地方，但我心底坚定地认为：是金子总会发光的。

书店里排列着许多好看的书，杂志更是品类齐全，什么都有，《意林》《读者》《青年文摘》……林林种种，令我眼花缭乱。随手一翻，我就立马被内容吸引住了。命中注定遇到你啊，花了半顿吃"乐高乐"的钱买书的我，全然没发现自己已经开始"堕落"，走向败家的道路了。

《意林》出新的了？买！《微刊》出新的了？买！《读者》出新的了？买！××的连载出单行本了？二十多块钱的事儿嘛，买！买书入魔的我一次次在痛苦中找寻快乐。他们笑我穷到连"卫龙"都买不起，我笑他们图的是物质满足——哦，对于金钱的理解我们已不在同一个层次上了。

于是我出入"乐高乐"和超市的次数越来越少，食堂成了我每日的噩梦，却又是必经之地——嘴上说着不愿意，身体还是很诚实啊！

他们说，你该后悔呀，花了那么多钱。是吗？我不这么认为，

我并不喜欢大花笔墨说书刊有多大魅力、我有多陶醉什么的，我只想说——我不后悔，我不后悔把金子花到买书刊上。

作文本上，88分的成绩亮瞎他们的眼睛！

怪老师"小东北"

王　栋

在青春的岁月里，最熟悉的还是沸腾的校园，最可爱的还是身边的同学老师，最难忘的还是与老师同学一起经历的每一个喜怒哀乐的故事……智慧的老师永远那么有魅力，交作业那点事儿总是让人又恨又爱，身边的风景，依然那么打动人心，深厚的友谊，怎忍说一声再见就此割舍，毕业之际，怎能忘记一起轻唱的那些歌谣……

他说着一口流利的东北普通话，中等身材，微微发胖的身体，四方脸上架着一副黑边眼镜，镜片后面那深邃的目光让人觉得在他面前简直无法遁形。他的头发乱得像一个鸟巢，胡须也很乱，显然好几天没有整理过了。他的衣服千篇一律，是怕换了衣服我们认不出他来吗？他每天都用课件给我们播放一段富有哲理的话，上面标着确切的时间，比如11点39分3秒等。我们问他，您明明知识很渊博了，为什么还要学习？他却说，要活到老学到老，学习好比逆水行舟，不进则退。

他便是我们的语文老师。我们给他起了个绰号叫"小东北"，他知道后不但不生气，还夸我们会用借代的修辞方法了。你说怪不怪！

他上课时从不带书，只带着一台笔记本电脑。他讲的内容都很系统、很生动。面对不愿意学习的同学，他的方法也别具一格。记得有一次，我偷懒，没有好好预习，被他发现了，本以为会被吵一顿，可他的惩罚方式出乎我的预料，比吵一顿更"狠"：800字作文一篇，要写出犯错的原因，还要用三种以上的描写手法。让人想不到的是，通过老师这种奇怪的惩罚方式，原本对写作文一窍不通的我，竟然慢慢地喜欢上了作文！

如果你觉得老师只有这几点怪的话，那你可就大错特错了。他的教学方法也特怪，他更善于把课堂上的知识跟课外的实践结合在一起，寓教于乐。为了让我们对古诗词有更深入的了解，怪老师举办古诗词活动，带我们去超然台，去感受苏轼的诗词，感受他的写诗灵感。怪老师是一名义工，每逢星期天，他都会带我们到公益活动室，进行阅读写作。天气好的时候，老师还会带我们到老城墙体验生活。在这一次次的社会活动中，我终于明白了"纸上得来终觉浅，绝知此事要躬行"的真正内涵。

我们的怪老师知识渊博，幽默风趣。与他在一起，我们增长了知识，开阔了视野；与他在一起，我们越来越勇于挑战，越来越感受到学习的快乐。

交作业那点事儿

刘付希

"收作业啦——"我们的组长卢昶安又扯着他的大嗓门，拖着长音，像催命鬼一般催我们交作业了。

唉，又是一天一次的收作业大战。这大战一发生啊，那可真是兵荒马乱、战火连天！

"你到底交还是不交？本来周末要完成的作业，你倒好啊，拖到这个时候才写。你周末游魂去啦？"组长瞪大了眼，火冒三丈，头顶上差点儿都冒出烟了。

"我没写完……"那个同学低着头，紧张地赶着作业，额角都冒出了小汗珠儿。只见他的手快速地扫过本子，"唰唰唰"几下，一行就写完了。那字体呀，可真是"狂草"，个个都像被五马分尸了一样惨不忍睹。

"您老人家到底好没啊？不交我就走了！真是的！每天拖、拖、拖！你以为我是拖把啊！"组长像愤怒的老母鸡瞪着入侵的敌人一样，张着翅膀，一副怒不可遏的样子。

"别……"

"那你还不快点儿！"组长摆出一副不耐烦的样子，作势要走。

"哎哟我的妈呀，组长大人就等那么一小会儿吧，开开恩啊。我上有老下有小的，你喝杯茶消消火啊……行了！我写完了！"那同学激动得热泪盈眶，呼地把"欠款"一把塞进组长怀里。组长这才满意地点点头走了。

你以为这就谢幕了，进入花好月圆的大结局了？不，你错了，高潮还在后头呢。

收作业时的班里就跟菜市场一样，讨价还价声不绝于耳！

接下来——我们的"大地主"课代表同学闪亮登场！

"组长别想给我溜！通通留下来，跟我汇报作业情况！还有，昨天第一组的政治作业在哪儿？游魂去啦？连魂都没了？还有……"政治课代表把蹑手蹑脚准备脚底抹油——开溜的组长逮了个正着。我们幸灾乐祸地看着这一幕，咧开嘴偷着乐。

"还有那个谁，哦，对了，李铭杨。你昨天的数学作业长脚了吗，跑哪儿去了？对了，你们也别偷着乐！我要一个个查，你们一个也别想溜！"政治课代表还没吼完，数学课代表就开始用口水"滋润"我们这些祖国的花朵了。课代表的"狮吼功"着实把我们吓得不轻。大家的心头一瞬间由晴转阴，个个垂头丧气。

我们可怜的李铭杨同学悲催地遭遇了四位课代表的围攻。他涨红了脸，在课代表的口水"浇灌"下狂补着作业。唉，可怜的娃啊！"《非练不可》做了没？""《同步导学》做了没？"……李铭杨晕头转向，整个人都差点儿崩溃了。

那天晚上，李铭杨就在四位课代表的"照顾"下"幸福"地度过了让他终生难忘的一晚。

大家为了消夜和休息，个个奋笔疾书，真是马不卸鞍人不歇。做完的同学把本子向组长一扔，一溜烟儿向饭堂跑去，口里还念念有词："我的消夜呀，等等我！"

这就是我们班交作业的那点事儿，几乎天天如此。唉，你说，这芝麻绿豆大点事儿每天都热闹上演，咋办才好呢？啥时候能整齐划一，让我们大家做个安安静静的好学生呢？

一笑泯恩仇

　　这也是一笑泯恩仇吗？或许，是的。生活是七彩的浪花，我们在淘洗和碰撞中一点点长大，留下温暖，留下爱和美好。

外婆家的"花菜"

司莉茹

娇艳的花儿给人带来非同寻常的视觉享受，那自不必说，可你知道吗，有许多花儿还可以让人一饱口福呢！外婆就有一双做"花菜"的巧手，不信你瞧——

西墙边的白玉兰开了，远远看去，像一树雪白的鸽子。白玉兰的花瓣肥厚饱满，让人大开胃口。外婆轻轻地摘下一两朵白玉兰，在由面粉和鸡蛋调的糊中滚过，往热油锅里一放，就立刻呈娇嫩金黄状。快速捞上来顺在小竹筐中，哇，不流口水才怪呢！赶紧动口吧。脆生生的，又香又脆！——"哟，小心点儿，别烫着嘴！"外婆每每笑眯眯地看着我说。

其实，外婆最拿手的是"煨花汤"。在外婆煨过的所有"花汤"中，我觉得"南瓜花汤"和"金针花汤"最惹人垂涎，我最喜欢。

屋后的南瓜花开了，雌花留着结果，可不能动，而那雄花在完成授粉的任务后，就变成了外婆家的"美羹"——炖鸡汤或是排骨汤。摘下嫩黄嫩黄的一两朵，整朵地放进去，仿佛把整个春天都煮进了那汤里，喝起来顿觉神清气爽。

初夏的傍晚，正是金针花开得最旺的时候，橘红色的花朵跟火焰一般，烧得直耀人眼。每天早晨天刚亮，外婆就趁着露水摘上几朵开得正盛的花儿，用细细的竹条从花柄处把它们串起来，不几天就串出一个橘红色的小花环……接下来，就是找个通风的地儿把那些小花环吊起来晾干。如果你哪天到外婆家，就会发现黑黑的屋梁下总悬着几串已风干的火红的金针花花环。这时你一定有口福了，外婆必定会蹒跚着取下那花环，把如同火焰般的花朵细心地撸在大碗里用开水浸泡——鲜艳的金针花一定是要放在鲜香的肉汤里的，大朵大朵的，如初绽一般，让人有种难以言说的愉悦。

咦，外婆家屋后的南瓜地里有个小小的灰色身影正东张西望呢，那该不是外婆要为我煲一锅我最爱喝的"南瓜花鸡汤"吧？

蚂蚁摔不死的奥秘

贺清翔

我在家里写作业的时候，一只黑蚂蚁从桌子上一溜儿跑到我跟前。我吓得大喊大叫，决定把它摔死，我怒气冲冲地使劲儿把它捏起来，恶狠狠地摔到地上。可是，小蚂蚁就像羽毛似的掉到地上翻了个身，平安无事地逃走了。我感到很奇怪，这么高的地方对小蚂蚁来说就是摩天大楼了，可是为什么它没摔死呢？好奇心驱使着我，于是我拿了一块重重的大石头放到楼外的地面上，一口气又跑到四楼，把小蚂蚁重重地扔向一楼的大石头上。我想，这回小蚂蚁死定了。可小蚂蚁就像一个空降兵一样慢慢地落到大石头上。我顿时傻眼了！

我拿放大镜一看，蚂蚁竟然没死，看它那安稳得意的样子一定是在说:"你就是摔不死我,哈哈!"我百思不得其解,一定要探个究竟。于是,我找来了电脑当我的助手,上网一查,终于茅塞顿开。原来,任何物体在空中下落,除了受到地球吸引力外,还受到空气对它的阻力影响。蚂蚁非常小,在空中降落时,受到的地球吸引力非常小,但受到的空气阻力较大,它就降低了速度慢慢落下来了。另外,蚂蚁在下落过程中,六条腿是张开的,它们快速地划动,这样就减慢了下落速度,保持了身体平衡,保证落地时六只脚稳稳当当地先着地,而不让身体直接接触地面。因此,蚂蚁就平安无恙了。

嘿!我终于明白了蚂蚁摔不死的原因,它们可真聪明啊!

这件事让我感到很高兴,因为小蚂蚁让我明白了一个道理——处处留心皆学问。

爸爸的爱是一杯水

涂 雪

在我的心目中,父爱是一杯纯净的白开水。只要想起爸爸关心我的那一幕,我的内心就会不由自主地激动不已。

盛夏的中午,温度高达三十九摄氏度,太阳火辣辣地照着大地,空气中没有一丝风,那些平日里总是哗哗响的树叶一动也不动,地上的小花小草更是无精打采,就连小狗也趴在树荫下不停地吐着舌头,整个世界就像个大蒸笼。刚上完体育课的我们,汗水如雨。为了能早点儿喝上家里的冰水解渴,下课铃一响我就箭一般地跑回了家。

一进门，爸爸就端起一杯水，高兴地对我说："小雪回来啦，天气这么热，一定渴得很吧，夏天喝冰水，容易感冒，所以，爸爸特地为你准备了一杯温开水，给，快喝吧。"我皱着眉头，大声喊道："热死了，谁喝热水？我要喝冰水！"我一边喊一边打开了冰箱。就在我把冰水送往嘴边的那一刻，我感到空气中异常静寂。我用眼角的余光偷偷地看了看爸爸，只见爸爸紧紧地握着那杯水，低着头，非常失落的样子。我内心立刻感到了强烈的不安，我又一次忽略了爸爸的爱。这时，爸爸平日里关爱我的点点滴滴就像放电影一样掠过我的脑海——早上，是爸爸为我准备好美味的早餐；中午，是爸爸为我洗干净每件衣裳；晚上，是爸爸一次又一次地为我盖好被子……我鼻子一酸，不争气的眼泪跳出了眼眶。我急忙擦干眼泪，关上冰箱，笑着走到爸爸的面前，从他手中抢过水杯，调皮地说："比起冰水，我更喜欢爸爸为我准备的白开水。"爸爸欣慰地笑了，我的心里也像吃了蜜一样。

爸爸，我要谢谢您，谢谢您的那一杯水。女儿知道，这不仅仅是一杯水，更是爸爸对女儿浓浓的爱！

窗子跳槽

孙承迪

世界变化真大，我们窗子家族也越来越壮大，人才源源不断，滚滚而来。随着科技的发展，窗子的心中也产生了一个念头：为何我们不能像人类一样去选择自己喜欢的职业呢？对，我们一起来——跳槽。

纱窗自告奋勇，决定给大家当榜样，第一个跳槽。纱窗心想：本人一生追求浪漫、飘逸，怎么能在这里埋没才华呢？不行，我一定要找一个适合自己的工作。纱窗向上级领导递上了自己的辞职信。

纱窗摆动着纱裙，来到了人才市场。她摇着头，走过了一个个职业招聘点，在最后一张广告单前停住了。上面写着：本公司招聘可担任天窗一职的人才，性别不限，年龄不限，工资面议。

纱窗急忙跑去报名，经过各种选拔，成功过关，来接天窗一职。天窗心想：嘿嘿，天底下竟会有这样的笨蛋，好好的工作不干，来这儿风吹雨打，算了，我要去追求自己的刺激生涯喽！

天窗看上了机窗一职，凭着自己做天窗的经验，成功入选。因为机窗常年在高空飞行，空气稀少，又常遭风吹雨打，机窗病了，被送到了医院，一病不起。

铁窗早早看上纱窗一职，但它无法将杂物挡住，遇见太阳又会变烫，被主人狠狠地骂了一顿后，被开除了。

百叶窗，接任铁窗之职，它没有铁窗的坚硬，在主人家没待几天，便因为被小孩子随意破坏而骨折，正在医院里接受治疗呢。

经过跳槽这件事以后，大家都安分了。养伤的养好了伤，失业的找到了工作。而且他们逢人便说："兄弟，找到一份工作很难，找到一份适合自己的工作更难。好好珍惜你现在的一切吧，要不然你将会变得一无所有。"

有一种困难叫起床

姚子涵

"丁零零,起床啦!丁零零,起床啦……"哦,不!又是这可恶的闹钟铃声。每当我听见这邪恶的闹钟铃声,就感觉世界末日要来了。不想起床,每次起床都会让我想起一首歌——《不想长大》的改编版《不想起床》:"我不想,我不想,不想起床,起床后世界就没童话……"要知道,起床对于我来说可是天大的难事。

闹钟一如既往地六点就响,我昏沉沉地闭着眼摸索着,按下闹铃,又继续与周公相会……不知过了多久,在遥远的梦乡听见妈妈在叫我:"宝贝儿子,起床啦。"原来是妈妈看不下去了,向我发起"温柔攻势"。"好妈妈,再让我睡几分钟。"来而不往非礼也,见招拆招,以温柔对温柔,我闭着眼含含糊糊地对妈妈说。妈妈见我一动不动,便发起"强攻",想把我强行拉起来,可她拉了半天我还是纹丝不动。哦!平时吃的红烧肉、鸡大腿转化成的肥肉终于派上用场了。妈妈先礼后兵,见我还是不起床,终于使出她的撒手锏——"狮子吼":"起床啦!"完了,这下完了,灭顶之灾来了。"啊,救命啊,我的耳膜要震穿了!"我从香甜美妙的睡梦中疼醒,"母为刀俎,我为鱼肉",耳朵火辣辣的疼痛迫使我与周公没来得及打招呼就一别千里了。

妈妈让我自己看时间，天哪！七点半了！完了，要迟到了。我胡乱穿好衣服，三下五除二洗脸刷牙，也顾不上吃早饭，拿起书包就往学校赶。终于到学校了，我看了下时间，再晚一分钟就要迟到了。"呼——"到教室里我刚坐下松了口气，同桌就指着我哈哈大笑起来，原来我的衬衫纽扣扣错了，像是个"二哈"。唉，肚子饿得咕咕叫，真后悔没早起床。

今天，我又一次下定决心，要改掉赖床的习惯。天哪，我能做到吗？

大战"绿魔头"

余欣洛

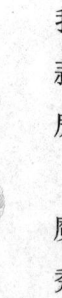

经常看到爸爸妈妈在厨房忙碌的身影，甚是羡慕。今天是周末，我突发奇想：不如，我也来做道菜吧！思来想去，就做我的最爱——蒜泥西兰花。说干就干，我腰系大围裙，臂戴大袖套，全副武装在厨房开始"大展身手"。

西兰花披翠戴绿，犹如一个超大尺寸的绿蘑菇，我称它为"绿魔头"。做这道菜前，我得先把"绿魔头"四分五裂。为了保存它那秀丽的头发，妈妈告诉我不能用刀。我想用手掰，可它的子子孙孙们感情太深，死活不肯分开；我想用手扭，可它粗壮的枝干，任我怎么折腾，依旧岿然不动；最后，我只能使出撒手锏，用牙齿又"撕"又"咬"，"嘎嘣嘎嘣"，在我强大的攻击下，"绿魔头"终于举起了小白旗。接着，我打开水龙头，帮它们洗了个冷水澡。水"哗啦啦"地唱着歌，像在鼓舞我的士气。最后，我又让它们在开水里走了一遭。经历了"冰火两重天"的"绿魔头"全身绿得更亮了，像一个个绿翡翠。

正当我得意之时，半路又杀出个"白骨精"——大蒜小姐。我拿起菜刀，左拍一下，右拍一下，费了好大的力气，可"白骨精"竟完好无损，反而开心地在案板上上蹿下跳。"哎呀，我的眼睛！"原来，"白骨精"趁我不注意，向我发起了攻击——喷辣汁。我火了，拿起大刀，一阵猛拍，"嘭嘭嘭……"把它们拍得七零八落。终于把这群"白骨精"收拾掉了，我不由松了一口气。

终于，"绿魔头"和"白骨精"要在铁锅里会合了，这将是最激烈的一次交锋。我先把油妹妹倒进了锅里，然后，一手拿着锅盖当防护盾，一手端起盛满"白骨精"的碟子，开始最后的狂想曲。我小心翼翼地把"白骨精"倒入锅内，只听"刺啦"一声，锅里像放鞭炮一样"噼里啪啦"响个不停。一个个"白骨精"像进了汗蒸房，油亮油亮的。我拿起铲子，右边一铲，左边一翻，"白骨精"在油妹妹的身上不停地滚来滚去。哈哈，小样儿！

一旁的"绿魔头"站在盘子上，趾高气扬地向我发出挑战。还没等它帅过三秒，我一骨碌把它倒进了锅里，它态度马上180度大转变，连滚带爬地向我求饶。我拿着锅铲"哐里哐当"地打它的小身板。最终我以3比0的绝对优势，让它成为了盘中美食。

月　夜

黄渝敏

你喜欢夜吗？我喜欢的，是夜里的那一轮月。那清亮的光辉，将万物衬得乍隐乍现。

小时候在老家的村庄，夏天的月是最美丽的。

一弦弯月挂在树梢，清辉洒在长长的青石板上，河水也显得更梦幻了。月光透过葡萄架，斑驳地落在地上。萤火虫的光芒随着一声声蝉鸣闪着，映照着青青的草地。数不清的星星挂在空中，将湛蓝的穹宇衬托得更加梦幻了。

每当雨后，我都喜欢隔树望月。在月光的映照下，每片叶子都仿佛挂着钻石，每一根细枝都悬着水晶般的露珠，那种缥缈的、朦胧的美，令我无法忘却。

挑个晴朗的夜晚，爬上高高的天台，仰躺着遥望月亮。月好像离我更近了。星在闪烁，月也在映照着我。迷离的月光似水，我像鱼。我沉于这星辉斑斓的水中，痴极。这水也好似有魔力，它能为我涤去污浊，为我洗去烦忧。我还想把我的心也洗洗，使它如月般纯净。

月，似夜空中的眼。月，总用一种纯洁的眼神看着我，使我懂得接下来的路该怎么走。

月，总是晶莹如玉，明亮如玉。它的纯洁使我向往——向往心净

如月。

　　无数个夜晚，我总会留恋地去再瞧一眼那弦弯月和无数的星星。那时，弯月的笑意更深了，星也更亮了。

　　月，就是我的温柔梦乡啊。

我和机器车

蒋　奕

　　围棋、吉他、机器车……我都喜欢，但是其中我最喜欢机器车。

　　初次接触机器车，是在老师的实验室。当时他在玩组装车子的零件，我却在一心一意地编制程序。当我编完第一个程序后，便去让车子在轨道上走，当我碰到一个可以按下去的东西时，以为会发生什么严重的事情，结果，车子跟着我的思路走了一圈。我惊奇地望着那小小的车子，心想，太神奇了，我竟然可以指挥这台小汽车！回家之后，我和爸爸妈妈说："我想学机器车，里面的内容丰富，真的特别有意思。"这个想法得到了家人的支持，我便开启了机器车学习之路。

　　在烈日炎炎的夏天，沉重的电脑和机器车与我为伴，我每天坚持上课，有不懂之处就去问老师；在课外，我积极动手练习。暑假里，在老师的鼓励下，我参加了全国机器车大赛。

　　一到赛场，空气似乎凝固了。来自全国各地的选手们都在紧张地调试着程序，只听见敲击键盘与车子后面支撑轮滚动的声音。我在长长的队伍中，调试了多次，当车子能在轨道平稳而快速地运行时，我才缓解了紧张的心情。第二天是正式比赛，场地上座无虚席，比赛紧张而有序地开始了。期间有被淘汰出局的，有车子在半路"飞"出去的。看到别人惨败的情景，我心里突然像压着一块大石头一样，喘不过气来！当听见我的名字的时候，我镇定自己，检查好车，按多次练习过的程度，把车放在最精确的位置，小心翼翼地按下开关，手心直冒冷汗，直到完成全部动作。

最后我以10.8秒的佳绩，在全国两千多名选手中脱颖而出，获得了F1竞速赛小学组一等奖。在闭幕式上，我怀着无比激动的心情上台领奖，机器车全国委员会主席为我颁奖，这是我人生路上第一块奖牌！我懂得了"努力付出与收获是成正比的"这个道理。今后，我一定再接再厉，让机会与成功永远与我同在！

和妈妈一起采茶

林惠琪

日思夜想，终于迎来了国庆小长假，心情那叫一个好啊！更令我高兴的是妈妈答应让我去田里帮忙采茶。

我们起了个大早。嗯，天气还不错，天空湛蓝湛蓝的，美丽又干净。环顾四周，袅袅的炊烟已升起，一阵风轻轻吹过，一吸，啊，还伴着一股悠悠的茶香和淡淡的桂花香呢！真是个宁静而又美好的早晨。

我用比平时高了好几倍的效率迅速刷完牙、洗完脸、吃完了早饭。随着老妈一声令下，我便兴高采烈地和老妈向目的地进发了。

踏上有些泥泞的小路，一路上，我哼着小曲儿赏着秋天独有的风景，不知不觉间已到达了目的地。

老妈拉响了采茶机，采茶机发出"突突突"的声音，还有一股难闻的烟冒出来——开始采茶了。采茶机主要由三部分组成，一是老妈背上的发动机，二是老妈手中拿着的锯剪茶叶的裁剪机，还有一部分也是最重要的一部分，就是套在裁剪机上长达六米的大布袋，这是装剪下的茶叶的。

老妈操作前两部分，而我只要照顾好后一部分就行了。虽然我只管一部分，可也让我真正体验到了什么叫累，什么是苦！

老妈操作着裁剪机快速地将茶叶剪下来，我在后头拽着大布袋忙得晕头转向。老妈剪完一小块地方的茶叶，手一扬，茶叶便堆积到离袋口不远处的前端。我需要赶紧将布袋前头的茶叶向后赶一赶，赶到布袋最末端，为的是不让老妈因布袋沉重而影响作业，也为了避免茶叶都堆在布袋前头而不能装更多的茶叶。刚开始还好，我能应付，可是越到后面，茶叶便积攒得越多，拉着沉甸甸的布袋累得我筋疲力尽，手都酸了还不能停下来，怕误了老妈的进度。长达六米的"征程"呢，我一次又一次从头将茶叶赶到末端，胳膊扬了一次又一次，还背着堆积在末端的茶叶越过一垄又一垄的茶田……

第二天，我的肩头和手都无比酸痛。"累啊！苦啊！"我不由得向老妈抱怨，但老妈只是淡淡一笑。

是啊，我才干了一天就有无尽的抱怨，可是妈妈剪茶叶的时候也是一次又一次地扬起胳膊，想必她的手臂也很酸痛吧，可是她却没有一句怨言。这一次亲身体验，我有颇多的感受。我平时总是抱怨学习很累很苦，可是与父母相比，我那点儿苦和累算什么呢。想到这些，我便暗中告诫自己：学习多些认真，莫辜负父母的付出！

食堂事件小记

周娇娇

一走进食堂,只见人头攒动。我只能从后方的桌子间穿过,来到最里面的一队。队伍前进的速度堪比龟速,有时过了十来分钟还在原处没动。没有无奈,只有早已接受的现实的忍耐,我开始低头背外语单词。

十几分钟后,我来到了标志性"建筑"——一根柱子旁,说它是标志,是因为这个地方是"交通要塞"。这不,一会儿有个女生"借过",一会儿有个男生喊着"让让"匆匆过去,人流几乎从未间断。这时我照例看着菜单,在心中默默地选了菜。腹中饥饿难耐,无奈还得继续排队。

突然,我眼前一亮,左边一支队伍明显比我们这支队伍短一截!饥饿主导着我的神经,告诉我应该排过去。食堂不仅人头攒动,而且人多嘴杂,耳边的嘈杂声像是从运转中的机械厂里传出的,哄闹至极,以致我回头提醒同伴要不要排到左边一队去时,她好似被哄闹声干扰了,听不清我说话。我就伸出手指着旁边一队示意她,手刚伸出去,只听见一声尖锐的女高音响起:"啊——"转过身一看,发现我已然打翻了一名女生的饭菜盘子。她条件反射般地发出一声抱怨。我连忙道歉,可她看都不看我一眼,扭头离开,重新站到队伍末尾去了。我站在那里，手足无措地望着泼了一地的花花绿绿的"佳肴"。

我如愿地站到了左边的一队，但心中的愧疚却像激流般在汹涌，我觉得自己应该做点儿什么。我主动走向她，拿出我的校园卡递给她，说："刷我的卡吧。"我的声音很小。"不用了，没关系。"她的脸很红，拼命地摆手，塞到她手里的卡又被推了回来。我见她极力拒绝，露出尴尬的笑容。推让之下，大家还是继续排队。我知道，她在乎的不是钱，而是时间，可我无法弥补她重新排队的时间。

望着她的背影，我心里很不是滋味。只见她不断地探出头，焦急地张望，她肯定是在观察同班的同学走了没有。我感觉现在的队伍更长了，我的愧疚感有增无减。直到她买到了饭菜，我才松了口气，回头再看，发现打翻的饭菜也被打扫干净了。

本以为我已向她表达了我的歉意，她也原谅了我，我的心情会轻松些，可是几天过去了，每每想起这事，我的心情都一直无法平静。我真希望她能接受我的校园卡，接受我的赔偿。可能她是觉得这点儿小事没必要让我赔，可她的大度和善解人意让我更加过意不去，这让我觉得好像永远欠着她的。我知道，我无法赔偿她宝贵的时间，可是，我的一点儿小小心意也被拒之门外了啊。这让我认识到，有时候，善意，不仅仅是原谅，还有接纳。

一笑泯恩仇

田雨路

时间的齿轮不停地转动着，刚刚发生的事情在眨眼间便悄然而逝，留在心中的是感悟，是美好。

坐在饭桌旁，爷爷老说："你小时候……"所有人就开始一件一件地讲述我小时候的事情，说得红光满面，欢乐无比。奶奶突然问："你以前为什么不喜欢你二伯呢？"我想了想，原因很简单，因为二伯在我小时候干涉过我吃饭时看电视。因此，二伯一来我家，我就把电视遥控器藏在角落里，让二伯找不到，关不了电视。有一次，不出我所料，二伯果然没找到遥控器。我正暗自窃喜，可是没想到，二伯毫不留情地按了电视机上的关机按钮。在电视关掉的同时，我的脸色也慢慢沉了下来，这一小小的变化被二伯发现了，他把我教训了一顿。

因为二伯是长辈，所以我不能随意顶撞他，但心里却火冒三丈了。所以，二伯一看电视我便开始在电视屏幕前玩，让二伯不能好好看电视。而我自己看电视时，二伯一来，我就很自觉地关掉电视，让二伯没有理由训斥我。

我用这幼稚的方法宣泄着心中的不满，时间长了，二伯可能也明白了，哈哈大笑道："雨雨，咱们一笑泯恩仇吧。"哥哥听见了，笑

着说:"二伯,这句话说得好,不过您这'帽子'戴得挺大呀!"

当时我不明白"一笑泯恩仇"的意思,但听见二伯对我说话语气那么亲切,我也嘿嘿一笑,像没有发生过什么事一样。以后即使二伯再来关我的电视,我也毫不在意了。

这也是一笑泯恩仇吗?或许,是的。

生活是七彩的浪花,我们在淘洗和碰撞中一点点长大,留下温暖,留下爱和美好。

特殊的生日礼物

张轲轩

> 爸爸是一部大书,我常常读不懂,而今,站在十二岁的路口,我终于读懂了爸爸的良苦用心,读懂了爸爸那份特别的爱。
>
> ——题记

这天一放学,我便飞奔出学校,以迅雷不及掩耳之势飞快地往家跑。

今天可是我十二岁的生日啊!我哼着小曲儿,心里盘算着:老爸老妈为我准备了什么生日礼物呢?一个超级大蛋糕?这是必不可少的!一把电吉他?还是一部新款手机?想到这里,我不禁心花怒放,口水不知不觉地流了出来。伴着清风的吹拂,小鸟的歌唱,我终于到家了。

"我回来了!"我大喊一声,推门而入。然而,一进门,我不禁呆住了——家里空无一人!只有风儿吹动窗帘发出轻微的"沙沙"声,一切都是那么冷清。挂满屋子的气球,点上生日蜡烛的蛋糕……这一切幻想都无影无踪!我的心一下子从云端跌到了谷底。我使劲儿眨了眨眼,强忍着不让眼泪流出来,可是,不争气的眼泪还是在眼眶里打转,然后,像开闸的河水滚滚而下。穿衣镜里,刚才还笑逐颜开的面孔,一下子变成了委屈的苦瓜脸。

我慢慢地走向沙发,只见茶几上放着一张字条,上面写着:"轩,爷爷生病住院了,爸爸去医院照顾爷爷。妈妈单位临时派她出差,明天才能回来。冰箱里有饭菜,你自己弄来吃,照顾好自己,明天晚上我才能回来。爸爸。"

看完爸爸的留言后,我趴在茶几上伤心地哭泣起来。他们竟然忘记了我的生日,没有一句祝福,没有一件礼物……我心如刀割,忍不住把那张无辜的字条撕成了碎片。然后,我胡乱地吃了几口饭,一点儿胃口也没有。餐厅里橘黄的灯光似乎在嘲笑我的孤单和悲伤。我什么也不想做,倒头便睡了。

第二天醒来,我意外地发现床头又放着一张字条!我揉揉惺忪的睡眼,迷迷糊糊地拿起字条一看,顿时睡意全无。看着字条上熟悉的字迹,泪水再次模糊了我的眼睛。

"轩,你已经长大了,应该学会自己照顾自己。这次你爷爷生病,留你一个人在家,我们是故意的。这既是对你的一次考验,也是爸爸妈妈送给你的十二岁生日礼物,这是一份特殊的礼物。爸爸妈妈衷心地祝福你生日快乐,愿你能够踏踏实实走好人生的每一步!"

泪水顺着我的脸颊大滴大滴地落在字条上,我尽情地哭了出来——感觉痛快极了!

我一度以为生日只是与蛋糕、蜡烛、礼物这些美好的事物相联系

的，可这一次生日，爸爸的良苦用心让我的思想发生了很大的转变。我恍然大悟，这次爸爸送我的生日礼物真是不寻常！它在我心底播下了一粒自立的种子，我相信，这粒种子一定会发芽并茁壮成长的。

我的爸爸，不仅是我生命的赐予者，还是我人生的指引者。我想对爸爸说："您的爱，我懂。我爱您，爸爸！"

我坐"飞鸡"了

张晓光

"飞机、飞机，你快下来啊，我要乘着你找爸妈！"我一边唱，一边抬头看从村庄上空飞过的飞机。那年我五岁，特别渴望坐飞机。因为滑旱冰摔骨折了，痊愈后爸妈有事去了很远的地方，就把我放在乡下奶奶家。

那天下午，奶奶出去了，爷爷也没在家，只有我一人。我把目光从天空的飞机上移了下来，想着怎么才能实现坐飞机的梦。

这时，奶奶家那只公鸡头领登场了，"喔喔喔……"它昂首挺胸，在院子里神气地叫着。我眼前一亮，突然想：这家伙不就是"飞鸡"吗，骑着它飞一定很好玩呀！我满脸坏笑地向它走去，它侧着身，歪着头，充满敌意地瞪着我，像是随时准备对付我一样。

我突然往前一扑，一把抓住了它。我不管拼命挣扎的它，抱着它就上到房顶。走到房边沿，坐在它身上，拽住它的翅膀，大喊："飞呀，快飞呀！"公鸡"嘎嘎嘎"叫着，一个劲儿地扑棱着翅膀要挣脱。好啊，你不飞，我就要你飞！我骑着"飞鸡"，纵身一跳，划出一道优美的弧线，就和大公鸡一起掉进了房檐下的大粪池中。粪池很深，幼小的我陷进粪水中，艰难地呼喊着，拼命向上爬，一爬一滑，一爬一滑，怎么也爬不上去。

就在这紧要关头，奶奶回来了。听到呼喊声，他急急忙忙地跑了过来，一把把我拉了上来。天哪，总算捡回一条命！

"啊——哗——"我坐在地上，恶心得吐了一地，太倒霉了！等我回过神来了，再看那只大公鸡，早已一命呜呼了！

奶奶拉我赶快洗了个澡，晚饭时就把那只公鸡炖了给我滋补身子。可怜的大公鸡，它一生活得很普通，却死得很"英勇"！

第二天，这件事传遍了整个村子，我成了村里的传奇人物，大家都把我当"奇葩"传说。呵呵，这下可好，我在村中可是出了名啦！

煮 饺 子

徐海洋

假期里，我们家会包好多次饺子。每次看见妈妈煮饺子，我都心痒难耐，恨不得自己试一试，可无论我怎么请求，妈妈都坚决不同意，无奈，我只能在一旁过过眼瘾了。

过年了，家里又要吃饺子了。这次，我使出浑身解数，终于让妈妈答应由我来煮水饺了。锅里的水开了，乐得我心花怒放！我端来水饺盘，只见这没下锅的水饺就跟雪一样白，捏起来软软的，好舒服。

我迫不及待地拿起一个往水里放，可刚拿起来，脆弱的饺子皮儿就破了，没办法，我只好呼叫老妈。妈妈边摇头边笑着说："饺子要轻轻捏住边儿拿。"我试了试，嘿，你还别说，这淘气的饺子听话了。我把饺子往水中一扔，没想到热水四溅，吓得我往后一跳，手中的饺子盘差点儿掉到地上，要不是老妈眼疾手快地伸手一扶，恐怕全家都要饿肚子了！"往水中放饺子时，要快、低、轻！"我照妈妈说的话去做，不错呀，饺子温顺多了。

下锅后的饺子就像不会游泳的石头，一个个沉入水底。妈妈嘱咐我："刚下锅的水饺要赶紧用铁铲贴着锅底推，要不饺子皮就会粘在锅底了。"说着，妈妈又往水中撒了点儿盐，并对我解释："这样，饺子皮之间就不会粘在一起了。"我恍然大悟。

盖上锅盖，妈妈叮嘱，等水一开，就用铁铲轻轻翻动，如此三次后，就不用盖锅盖了，直接开着锅煮饺子。我又疑惑了："为什么呀？"妈妈耐心地对我说："这是为了让皮里的馅儿快熟呀。"哦，我又学到了一点儿小知识。

说话间，锅里的水饺好似睡醒了，个个争先恐后地浮上水面，像一只只在水里游泳的小白鹅。我不停地推动着水饺，一会儿，水饺就像充足了气的皮球，越来越饱满，个个像娃娃的胖脸蛋，可爱极了！经过妈妈的指点，我知道饺子煮熟了，看着盛在碗里的水饺，我特别有成就感，心也跟这饱满的饺子一样充满了喜悦！

是呀，不经一番寒彻骨，哪得梅花扑鼻香？看似简单的煮水饺，却包含这么多学问，生活真是我们的好老师呀！

我们班的"黑旋风"

刘 威

马文斌是我们全班乃至全校最黑的人,足可以与《水浒传》中的李逵相媲美,所以,他便有了"黑旋风"这个"雅号"。

谈起"黑旋风",也确实黑。他身体上除了牙齿,其他部位几乎都是黑的,像个巧克力人。眼珠比一般人的要黑,脸蛋像一颗巨大的话梅,露在外面的手臂和小腿在阳光下黑得发着亮光。若是手里再配一双铁锤,穿一身黑甲,嘿!真是一位黑将军。

我总这样猜测,他如此黑,是因为他喜欢吃黑的东西:巧克力、奥利奥、话梅……凡是黑色的食物他都爱吃。我每次去他家玩,他总会抱着一盒巧克力,坐在沙发上惬意地边吃边看电视。而每次听到他的第一句话就是:"来,我请你吃巧克力。"我一开始也吃得津津有味,可是,过了些日子,我就吃腻了,就再也不去他家了。

不仅如此,他做人也很"黑"。他经常"黑"我。记得上次他吃了我一袋方便面,这次,他悠然地走过来,拿着两袋"方便面",说:"冲咱俩这关系,我还你两袋。"可我打开一看,里面装的全是细纸条。我去找他算账,他早就溜之大吉了。好一个"黑旋风"!

别看他是个黑鬼精灵,他也有我比不上的地方。有一次刚开学,我和他去水房打水,刚到水房边,一张绿色的五十元人民币被我俩同

时看见了，我口水直流，心想：五十元可以买多少好吃的呀！可他却说："咱们等一会儿吧，说不定会有人来找的。"我斜了他一眼，说："别假正经了，就咱俩知道。"我总想据为己有，几乎和他翻了脸。这时，果然跑来一个四年级的同学，神情焦急地说："我丢了五十元，这张……""黑旋风"二话不说给了他。在这一点上，我输给了他。

我们班的"黑旋风"，黑得可爱！

赛场上的"蹦迪先生"

游 馨

"加油！加油！"操场上传来此起彼伏的呐喊声。此刻，我正在运动会短跑决赛现场。

裁判的发令枪声已经响起，六名运动干将谁也不让谁，个个都拼尽全力地迈开步伐，前十米的距离都保持在同一水平。冲过一半时，已经有了小的差距，只见三班的小威同学显示出了他的运动天赋来，把其他五人甩在两步之后，脸上一副志在必得的表情告诉我们，这个冠军非他莫属。站在两边小威的同学和老师，也拼命地拍起巴掌，嘴里大喊："加油！雄起！加油！"

正在这时，小威一个趔趄，身子摇晃了两下，然后，出现了奇怪的一幕：小威竟然在赛场上跳起舞来！只见他的胳膊在空中不停地上下左右舞动，而身体也开始以蛇的样子扭动着，脚一跳一跳的。难道他在"蹦迪"？小威的动作引来人们的哈哈大笑和一阵疑惑。

正在大家疑惑时，小威的对手以迅雷不及掩耳之势超了过去，两步就将小威落在后面。而小威却仍然在继续着他的"蹦迪"。

怎么会这样？同学们一下子都要往前涌，想要仔细看个究竟。原来小威不是在跳舞，而是他的鞋子出了问题：小威右脚下的鞋子翻了底，一大块已经掉下来，却又没有完全脱落，还有些"藕断丝连"，小威一跑，那掉翻的底子就拉着小威，让小威想快都快不起来。更让人恼火的是，那翻了的鞋底有时反拖在地，结果就让小威的右脚直接踩在鞋底的齿印上，把小威的脚给硌得生疼，所以他有时不得不跳起来，而全身的平衡就得靠手舞足蹈来维持了。

还有十米距离，几名对手早已经冲向终点了，只有小威还在"表演"。渐渐地，笑声没有了，所有人都在为小威加油。有人在鼓励，有人在建议。小威还是坚持着，单脚跳，双脚踮足轻跳，用手维持平衡。成功的喜悦表情没有了，取而代之的是一脸的平静，望着跑道的终点。一步，一步，近了，近了，终于跳到了终点。

迎接小威的，没有冠军的荣耀，他却赢得一阵最热烈的掌声。小威失去了获得冠军的机会，却得到了受人尊敬的"蹦迪先生"的称号。每当叫着"蹦迪先生"，大家总会想起他在赛场上的精彩瞬间。

出发，和书一起旅行

李媛捷

古语说得好"书犹药也，善读之可以医愚。"这句话是刘向说的。其实，我原本并不太喜欢看书，可是，一个偶然的机会，因为一本书，我成了名副其实的"小书迷"。

我读过不少种类的书。数学书，训练了我的逻辑思维能力，让我在千变万化的数学题中，保持一颗清醒的头脑；英语书，为我以后与外国人交流打下了良好而坚实的基础；寓言书，使我在一个又一个小故事中明白了许许多多深刻的大道理；历史书，让我坐上了时空穿梭机，遨游在中华五千年浩瀚的历史之中，和祖冲之、李白、杜甫进行一次又一次的"亲密接触"；天文书，带我走进了一个神秘莫测、缤纷多彩的美丽新世界：瞧，美丽的狮子座流星雨、优雅的蟹状星云、月球上奇形怪状的环形山、带有神奇光环的土星、七十六年才与地球相见一次的哈雷彗星；自然科学书，让我回到六千五百万年前，和恐龙一起经历了惊心动魄的"生死时速"，还带我认识了威风凛凛的东北虎，会吃人的奇怪树和会唱歌的美丽花儿……

当然，我最爱的是文学名著。《三国演义》，让我和忠义两全的关羽、粗中有细的张飞、鞠躬尽瘁的诸葛亮成了亲密无间的好朋友；《西游记》真过瘾，带我和唐僧师徒一起踏上了西天取经之路，一路上斩妖除魔,好不痛快。

我爱书,我愿在书的海洋里遨游,正如高尔基说的"我扑在书上就像饥饿的人扑在面包上"!

猫眼看家

张译文

我是一只幸福的小猫,名叫觉觉,为啥叫这怪名字呢?因为我是一只慵懒的小猫,非常爱睡觉。

一大早,我就被一阵歇斯底里的叫声惊醒了。只见小主人的妈妈一手叉着腰,一手拿着鸡毛掸子,指着床上的小主人说:"快起床!都五点半了!"为什么要起这么早呢?因为小主人每天早上都要背五十个英语单词。无奈的小主人慢慢地从床上爬起来,坐到椅子上,打开台灯,开始背英语单词。我摇了摇头,钻进被窝里,继续做我的美梦了。

下午放学了,我忽然想到今天是小主人考试的日子,我一阵担心,赶紧向窗外望去,只见一个疲惫不堪的身影晃晃悠悠地走了回来。他的腰弯成了90度,背上背着二十多斤重的大书包,眼睛上还架着一副深度近视眼镜。我想这哪是十来岁的孩子呀,分明是个七八十岁的小老头呀!这时,敲门声响了,小主人的妈妈打开门,急切地问:"儿子,考得怎么样?"只见小主人低着头,用手摆弄着红领巾,小声地说:"94.5分。"突然,妈妈脸上的表情晴转多云,又多云转阴。我意识到一场暴风雨即将来临，赶紧躲进了卧室，只听妈妈破口大骂："分数这么低！剩下的5.5分是长翅膀飞了？还是长腿跑了？"接着就听见"噼里啪啦"的声音和小主人的哭声。

晚上，我悠哉游哉地躺在沙发上看我最爱的《猫和老鼠》。想起小主人也很爱看动画片，于是我跳下沙发，跳到小主人身上，用小爪子挠了挠他的肩膀，向电视那边指去。小主人指着旁边一尺多高的书本，无奈地对我摇了摇头。

这么一对比，我深深感到了做猫的幸福。晚上，我做了一个梦，上帝说："鉴于你的表现很好，下辈子让你做人吧。"我赶忙说："上帝，千万别让我做人，我希望下辈子和小主人一起做猫，行吗？"上帝说："当然可以。"我高兴得一蹦三尺高。从梦中醒来，我看到小主人的台灯还亮着呢。

我学闰土来捕鸟

倪金波

星期天，阳光灿烂，我坐在院子里，一边沐浴着暖暖的冬日阳光一边看书。谁知，麻雀这个调皮鬼，也趁着好天气来捣乱，叽叽喳喳地唱个不停，吵得我烦死了。

哼哼，可恶的小麻雀，就让我给你们来点儿颜色瞧一瞧吧。说干就干，给它们来个措手不及，一网打尽。嘿，有了，我们刚学过鲁迅的《少年闰土》，闰土的捕鸟办法很不错！干脆，我就来个照葫芦画瓢，于是，我从厨房里拿来了米粒，没办法，谁让家里没有秕谷呢。我把米粒放在院子的空地上，找来一个大大的竹匾，并用一根木棒将竹匾支起来，木棍的底下还系了一根细细的麻绳。

一切准备工作全部就绪，我悄悄躲到草垛后面，把绳子紧紧地攥在手里，"万事俱备，只欠东风"，这下就等麻雀上钩了。

可过了老半天，那群淘气鬼还是一个劲儿地在树上叽叽喳喳叫个不停，一丁点儿要停下来的意思也没有。五分钟过去了，还是没有任何动静，连个鸟影儿都没有看见。奇怪，麻雀怎么还不上当呢？难道方法有误，还是哪个地方出错了呢？

这时，一个熟悉的影子打断了我的思路，定睛一看，啊，一只小麻雀！我喜出望外，心"扑通扑通"狂跳了起来。只见那只小麻雀左顾右盼，东闻西探，不时扑腾着翅膀。好戏在后面，淘气的小麻雀竟然跳上了竹匾！

我心急如焚，心里祈祷着：快进去吧！求求你了！终于，希望变成了现实，小麻雀慢吞吞地跳了进去，啄了一口后，就低下头，狂吃起来。啊哈，机会来了！我用力一拉绳子，木棒飞了出去，竹匾"砰"的一声把小鸟关了进去。

小鸟啊小鸟，现在大罗神仙也救不了你啦！我飞快地跑到竹匾前，可我又被难住了，怎么才能抓住这个小淘气呢？我小心翼翼地提起竹匾，那只小鸟惊恐地注视着我，身子一个劲儿地往后缩。我刚把手伸进竹匾里，小鸟就飞快地跳了起来，钻出竹匾，一个腾空，呼啦一下飞走了！

虽然没有抓到小鸟，但同样给了那个小淘气一个不小的教训，嘿嘿，看它以后还敢不敢来打扰我学习！

醉 小 狗

周倩竹

今年春节,我和爸爸妈妈带着弟弟回爷爷家过年。刚进大门,我就发现爷爷家多了一名新成员——小狗贝贝。贝贝长得非常好看,一身白色的长毛上点缀着几朵黑色的小花,十分可爱。

过年了,奶奶家真热闹!一大家子人聚在一起,好吃的东西真多啊!

爷爷、爸爸和叔叔忙着喝酒,我和弟弟美滋滋地喝着可乐。

就连贝贝也在饭桌旁转来转去。

爸爸有点儿脸红了,还说:"再喝点儿,今儿个高兴!"

叔叔大着舌头说:"对,喝,咱们一年都难得见面。"

爷爷说:"好,好。祝你们的日子越过越红火,再喝点儿!"

奶奶、妈妈和婶婶,看着都笑了。

我摸了摸肚子,已经吃得圆滚滚了。忽然,小贝贝舔了舔我的手。对,怎么忘了贝贝呢?

我赶紧夹了个鸡腿准备喂贝贝,可是,一不小心鸡腿掉进了爸爸的大酒杯里。我正准备换一个,贝贝已经一跃而起,抢走了鸡腿。

不一会儿,贝贝吃完鸡腿了,可还伸着舌头,一副馋兮兮的样子。我又给了它一块排骨。它闻了闻,似乎没兴趣。难道贝贝不爱吃排骨？于是我又给了它一个鸡腿。可贝贝闻了闻，还是不吃。

嘿，我灵光一闪，难道它要吃带酒味的？

我往排骨上倒了一点儿酒，哈，果然不出所料，贝贝津津有味地吃了起来。

弟弟发现了，哈哈大笑着，往可乐里加了一点儿酒，给贝贝喝。没想到，贝贝很快就喝完了。

贝贝心满意足地到院子里去了。

过了一会儿，我们到院子里玩，发现贝贝走起路来东倒西歪，左三步右两步摇摇晃晃的，引得院子里的鸡都好奇地张望着。我都看呆了。弟弟高兴地蹦起来："哈哈，贝贝喝醉了！"

贝贝摇晃了一会儿，忽然，冲着院子里那些鸡跑了过去，百米冲刺似的追起了鸡。

鸡吓得四处逃窜，扑闪着翅膀，咕咕直叫。

贝贝还不罢休。

邻居家的小朋友叫我和弟弟去玩，我俩就跑出去了。

晚上回来，看到满院子都躺着鸡。有一只鸡旁边还有一个热乎乎的鸡蛋。这是怎么了？难道鸡都死了？我见贝贝趴在大门口睡着了，无论你怎么踢呀打呀，它都不肯起来。

我急着喊："奶奶，鸡都死了！都被醉狗给吓死了！"

奶奶从屋子里出来，一边看一边说："哦，这下好了。叫爷爷杀鸡给你们炖蘑菇。"

爷爷听了，拿着刀出来了，提起一只鸡准备放血。就时迟，那时快，那只鸡一下子活过来了。吓得爷爷刀都掉到地上了。

不一会儿，满院的鸡都站起来了。原来，它们只不过是被喝醉的贝贝追得晕过去了！

那抹微笑,牵动我的情思

　　岁月的银河中,闪烁着星星点点的光芒,那抹微笑便是我记忆深处最亮、最耀眼的一颗星;翻开记忆的篇章,那抹微笑便是最华丽、最动人的一页……

大将军的现代之旅

谭杰文

早上,我刚起床,突然一个"大流星"从天而降,正好撞到我的头上。我被撞得头昏眼花、眼冒金星,过了一会儿,我睁开眼睛一看,呀,竟然是女扮男装的大将军——花木兰来了。

花木兰和我一起来到客厅,她东瞧瞧,西看看,在她眼里一切都是那么新奇。她的目光落在电视上,我说:"这是电视。"我把电视打开,电视里正在演《杨家将》,说时迟那时快,花木兰以迅雷不及掩耳之势猛地向后退了一步,做出要格斗的架势,怒目圆睁地对我说:"你这个小毛孩儿,究竟使了什么妖法,把无辜的百姓全都装进这大匣子里,快快将他们放出来,否则本将军就对你不客气了!"我吓了一大跳,赶紧解释:"大将军,千万别生气,这是我们现代人看的电视(以下省略五百字)……"我解释了老半天,花木兰仿佛还是雾里看花。

中午,我让花木兰换上妈妈的衣服,带她去吃饭,花木兰看见做饭用的煤气罐,就快步走上前去,举起煤气罐,说:"这是什么,看上去很像炮弹。"一边说,还一边敲个不停,"还挺结实。"说着就要摔,吓得老板大叫:"姑娘,这不是炮弹,这是我们做饭用的,做饭用的。"捏了一把冷汗的我暗想:我的天呀,我的大将军呀,你可不知道，这东西一摔，威力跟炮弹差不了多少呀！听老板这么一说，花木兰半信半疑地放下煤气罐，随我来到饭桌前坐下。我对她说："大将军，我们现代人的生活比你们那个时代先进多了，一会儿出去，你千万别乱跑，也别乱动别人东西，好吗？吃完饭，我带你四处逛逛，让你看看我们这现代大都市，但是你必须得保证，只看不动！"大将军点了点头。

吃过午饭，我带她溜达了一个下午，她还真守信用，再也没有乱动别人的东西。

晚上回到家，房间里很昏暗，我打开灯，房间里顷刻明亮如昼，花木兰惊奇地说："啊？你会妖术？""哈哈……"我笑得把刚喝进嘴里的茶水全喷了出来，"这是我们照明用的电灯。"花木兰围着灯转了几圈，"电灯？现代人真是聪明！"说罢，便坐在沙发上，沉思起来，不再说话。我也终于可以休息一会儿了。

给古代大将军当导游，一个字，难；两个字，很难；三个字，十分难。

飞 饼 王

那就成

三百六十行，行行出状元。在我的心目中，做飞饼的"状元"，非珠海人氏"飞饼王"莫属。

那年暑假，我和妈妈去珠海旅游。一天晚上，我们到夜市品尝当地美食。我正在寻思吃什么好，一股香甜的香蕉味便扑鼻而来。那味道时浓时淡，把我的魂儿都勾走了。我们寻香而至，一看，原来是卖飞饼的，小摊的招牌上赫然写着三个大字——飞饼王。

店主头戴高高的厨师帽，身穿大白袍，系着围裙，满脸笑容。见我们来了，他热情地招呼道："小朋友，想吃什么味儿的飞饼呀？好吃不贵，包你满意。"说着，他还自信地拍了拍自己的胸脯。我选择了香蕉口味的飞饼。"好嘞！"他扶了扶帽子，开始动手了。

只见他左手抓起一块面团，右手拿起刷子一蘸油，往铁板上一刷，便开始左右手交替揉面，边揉还边摇头晃脑地哼着小曲。不一会儿，碗口大小的面饼已经变成平底锅那么大一片了。随后，他左右手交叉一翻，把面饼翻了个"底朝天"。这样重复了几次，面饼变得越来越大、越来越薄。他左手向上一抛，飞饼腾空飞起，在空中飞快地旋转着。他目不转睛地盯着面饼，右手一接，面饼像旋转的呼啦圈一样，围着他的脖子和腰各转了一圈。我看呆了，忍不住叫了一声："好！"飞饼王听了，耍得更起劲了。他又把飞饼高高抛起，当飞饼落下的瞬间，他用食指顶在饼中间，像转手帕一样让饼子旋转了起来。他时不时还喊着号子，好像在为自己加油助威。就这样，飞饼像被施了魔法似的，围着飞饼王上下翻飞，来回舞蹈，渐渐地变成了荷叶大小，薄如白纱。"啪！"飞饼稳稳地落在了板子上。他右手拿起一把小刀，熟练地割掉了飞饼的边角料，左手拿起早已准备好的香蕉，只听"嗖嗖嗖"几声，香蕉片均匀地铺在了飞饼上。他像叠被子一样，把飞饼叠成了一个四四方方的长方形，丢入油锅。不出五分钟，飞饼就煎好了。出锅的飞饼色如金，薄如纸，轻咬一口，酥脆香甜，真是人间美味！

品着美食，回味着刚才的精彩表演，我不由得称赞道："叔叔，你做的飞饼真是一绝呀！"

"飞饼王"呵呵一笑："小兄弟，我干这一行已经五年了，早就练出来了。现在,我每天要做上千张飞饼,技术当然越来越好呀。"

台上一分钟,台下十年功。看来,不管是哪一行,要想出类拔萃,都非下苦功不可呀!

这小妹妹真棒

王虹瑾

晚饭后,我和爸爸妈妈到商场购物。买完了东西,我们提着大包小包回家。我把手里的东西全都递给了爸妈,自己悠闲地走着。

这时,我看见了一个两三岁的小女孩儿,她正踮起脚尖,往她妈妈推着的小车上伸手——她要去拿一袋卷纸。她终于把卷纸拿了出来,但卷纸的长度比她的身高还要多出那么几厘米,而且还挺宽的。起初,我以为她只是想把卷纸拿下来玩玩,但我很快就发现自己错了——她是想把卷纸搬回家去。她把卷纸抱在胸前,跌跌撞撞地走着。因为大大的卷纸影响了视线,她走得小心翼翼的,速度很慢。

过了一会儿,小妹妹似乎坚持不住了。她停了一停,好像想到了办法:她再次拎起那袋纸,把它扛在肩上,欢快地走了起来。可她小小的肩膀怎么能扛得住宽宽的卷纸呢?果不其然,她的速度一快,卷纸就往下滑。连滑了好几次之后,扛卷纸的办法也以失败而告终。她没有退缩,很快又想出了办法——拖着卷纸向前走。这样既不影响视线,又不用担心卷纸下滑。瞧,她的脸上露出了甜美的微笑。可是,她妈妈却迎上前说:"红红,这样会把卷纸磨坏的。要不,给我吧！"说着，妈妈提起那袋纸，准备放回小车上。"不要！不要！"小女孩儿快步上前，从妈妈手中夺回卷纸，执着地嚷道："我要拿！我要拿！"她像背娃娃一样，把卷纸背在背上，弓着身子，坚定地向前走着，卷纸高出她的头顶好长一截……

望着她远去的背影，我情不自禁地说："这小妹妹真棒！"我回头看了一眼爸妈，立马走上前去，拿了一大包物品，然后快乐地往家奔去……

好 朋 友

邱子夏

一天，体育课上，老师要我们做后滚翻练习，我怎么也做不好。看着我笨拙的动作，有的同学发出了笑声。"邱子夏，我发现你太笨了。"好朋友李函汝突然冒出了这么一句话，简直是雪上加霜。本来已经很难过的我，眼泪不争气地落了下来。

别人可以笑我，你，李函汝，作为我最好的朋友，竟然和他们一样！

"好吧，我们不再是好朋友了。"我流着眼泪，在心里默默地说。整个下午，我没有和李函汝说一句话。

放学后，李函汝走过来说："我们一起回家吧。"她就是这样的人——说了就忘。可是，很抱歉，伤痕已经在我心里了，我可忘不了她那句刺耳的话。我瞪了她一眼，提着书包快步走开了。

回到家后，妈妈见我脸色不好，关切地问我怎么了。

"没什么，我已经跟李函汝绝交了。""绝交？你们不是最好的朋友吗？"妈妈吃惊地问。"以后，我不需要这样的朋友了。朋友应该互相帮助，她只会往我的伤口上撒盐。"

妈妈见我这么坚决，也没再多问了，说："晚上，妈妈要和一个三十年没见面的朋友吃饭，你也一起去吧。""三十年没见面，你还记得那个朋友？"我问。"当然啦。小乐阿姨和妈妈小时候好得像亲姐妹，我们的生日只差了一天呢。说起来也好笑，十岁时的寒假，有一次，我们一起看电视，她要看连续剧，我想看戏曲。我们为这事吵了一架，整整一个月都不说话，谁也不肯退让，结果正月开学的时候，小乐阿姨跟父母去了北方，我们就再也没见过面了。"妈妈笑着说。

晚上，我和妈妈到了茶座后，小乐阿姨已经等在那里了。妈妈赶紧走过去，两个人手拉着手，又是大笑，又是不停地打量对方，好像在确认有没有认错人，然后又是一阵笑。想不到，妈妈这个年纪的人竟然也这么孩子气。

"你怎么一点儿没变啊？""啊呀，我激动得很啊，想到要见到你。""你手上烤红薯被火烫的伤疤还在吗？""你一定要到我们那里好好玩几天，一家人都去。"……两个人你一言我一语地说个不停，还玩起了自拍。"你看，我小时候多倔啊，为那么一点儿小事就不跟你道歉。"妈妈大笑着说。"唉，我也是，小时候，一点儿小事看得比天还大。你去了北方之后，我经常想起你。"

看来，妈妈和小乐阿姨一时半会儿是聊不完了。吃饱之后，我觉得无聊，就从包里拿出了随身携带的笔记本，开始继续写我的校园小说。那是一本漂亮的笔记本，也是李函汝送给我的生日礼物。我记得，李函汝说过，我写好的小说，她必须当第一个读者，她还说，希望我长大后能成为有名的作家，那样的话，她就可以骄傲地宣布：

"大作家邱子夏就是我的好朋友。"

想到这里，我突然觉得，我和李函汝之间的关系不就像妈妈和小乐阿姨小时候一样吗？其实，作为朋友，我了解李函汝的性格，她是个有话直说、过后就忘的人。而朋友，不正是要相互理解吗？

我决定，明天主动找李函汝说话。

心灵感应

喻缤华

心灵感应大都发生在朋友之间，而我却和舅舅有心灵感应。

一天晚上，我正在看书，妈妈的手机突然响了。我偷偷瞄了一眼，是舅舅！妈妈接了电话，还打开了免提。我竖起耳朵偷偷地听着"我这儿来了一批电话手表，我打算送一个给外甥女。""好的呀，你外甥女一直盼着要一个呢！"我暗想：妈妈你看看，舅舅对我多好！我千求万求，你和爸爸也不给我买电话手表，没想到还有个和我有心灵感应的舅舅吧？

三天后，妈妈收到一个快递。我把包裹抢过来一看，发现发货人写的是舅舅，而且快递的大小与电话手表的盒子差不多。我表面上强装镇定，但内心的激动已经按捺不住了。我拿起剪刀，划破胶带，打开包裹。哈哈！就是电话手表！我连忙小心翼翼地把手表拿出来，戴在手腕上。

看着漂亮的手表，我回想起了以前和舅舅的心灵感应事件。

以前，每次考完试，我都会给舅舅打个电话，或者发条QQ信息，汇报我的成绩。只要我拿起电话喊一声"舅舅"，舅舅就知道在我身上发生了好事还是坏事。有一次，我语文只考了85分。我打开QQ，发了一个哭泣的表情，舅舅立刻回复："怎么了？不开心了？是不是考试又马虎被你妈骂了？"我发了一个点头的表情。舅舅回道："没关系，下次努力！"

每次过年去外婆家，舅舅要么给我一个大红包，要么给我一大袋零食，或者一个洋娃娃。现在，我长大了，已经上六年级了，跟舅舅的联系也少了，但每年我过生日的时候，舅舅还是像以前一样给我发红包。

想到这里，我打开手表，给舅舅打了个电话："舅舅，我觉得我和你有心灵感应，你好像比爸爸妈妈对我还好。"舅舅在电话那头笑了起来。真希望我和舅舅之间的心灵感应能永远持续下去呀！

马路表演

陈　乐

一天的学习生活在不知不觉中结束了，下课铃声刚响过，同学们便纷纷冲出了教室。

路上三三两两走着几个学生，我们高兴地谈论着白天的趣事。这时，身后突然响起一片呼喊声，我们好奇地想看看发生了什么事，原来是一群学生发出的声音，再转移目光，"自行车三人组"正像往常一样演着他们那滑稽的"杂技"。说到"自行车三人组",似乎是在一夜之间成立的。想知道他们是怎样以三个人架一辆只能容纳两个人的自行车的吗?你们一定猜不到——一个人骑,一个人坐,剩下的就坐在车把上!

也不知道他们是怎样骑的,挡住骑车人的视线,车就像无头的苍蝇一样在大街上团团乱转,就这样,他们以自己独特的骑车方式和另类的"表演",成了一道"亮丽的风景线",说不准,这叫声就是为他们"欢呼"的,而我们早已看腻了,就没再理会他们。

说来也真怪,走到桥上时,那些学生再次喊了起来,我们以为又在为他们喝彩,没想到转过头去,却看到了令人捧腹大笑的一幕:马路上孤零零地躺着一辆自行车,正是"三人组"的;开始还生龙活虎的三个人这时却个个趴在地上,像霜打了的茄子,旁边才为他们叫好的学生也笑得前仰后合。

我们还没来得及笑,又出现了一个意想不到的镜头:一辆车朝这里径直冲了过来。这时,旁边的人个个都吓坏了,大叫着:"车,车,有车,快跑啊!"三人组也慌了,嬉皮笑脸的表情立刻荡然无存,赶忙从地上跳起来,抬起车撒腿就跑,还好他们反应快,车从他们身边呼啸而过,真是惊险!

经过这件事,他们可不敢表演了,规规矩矩地推着车走着。我想,从此他们再也不敢这样了吧!

礼物大作战

朱毅然

"快起来,今天就是母亲节了!"小弟的一声大喊把我从美梦中惊醒,我像火箭发射一般从床上弹了起来。

吃早餐时,我和小弟商量:"送什么礼物给妈妈呢?"买东西?没时间了。做早餐?妈妈已经做过了。"那我们就做一张贺卡吧!"我和小弟异口同声地说。我俩都乐了。事不宜迟,小弟立刻冲向书房。他回来的时候,手里抱着一堆材料,有卡纸、贴画、剪刀……

趁着妈妈去买菜,我们迫不及待地开始创作,想给她一个惊喜。老爸来了:"你们去客厅,我要拖地了!"糟了,老爸看见了我们的"杰作",会不会怪我们把地板弄脏了?我的胸口像揣了一只兔子,心怦怦乱跳。小弟大喊:"爸爸,我们在给妈妈准备母亲节的惊喜,等会儿我们帮你一起拖地!"老爸赞许地点了点头,我总算松了一口气。

一切都在按计划进行。突然,我发现了一个问题:刚才因为太紧张,我不小心把两张卡纸粘到了一起!我急得像热锅上的蚂蚁。硬撕肯定不行,但剪不好就会"毁容"。小弟过来帮忙,我们一会儿用手拽,一会儿用剪刀做"分离手术",可它俩就像生了根似的,宁愿粉身碎骨也不愿分开。最后,我们用上了撒手锏——丢车保卒,一边剪一边拽，总算抢回了一大半。虽然小了点儿，但好歹算完整。

快马加鞭地做完贺卡，敲门声也响了。我和小弟赶紧拿着贺卡站到门口，一边高喊"妈妈节日快乐"，一边把贺卡递到妈妈手中。老爸也开心地说："这里面也有我的一份功劳吧？"

望着妈妈欣喜的表情，我们的心里比吃了蜜还甜。原来，妈妈需要的就是这样简单的快乐！

想 念 你

夏嘉蔚

朋友，我还清晰地记得，你从佛山到我家那一天的情景。我和妈妈给你买了电热毯、烤灯、温控，还有你喜欢的小房子和食物。打那以后，我每天放学后的第一件事，就是到你的房子里去看你，我生怕饿着你、冷着你，想方设法让你开心。只要你上蹿下跳，我和妈妈就会欢呼雀跃。

记得有一个周五，我发现你有点儿没精神，我又是上网查询原因，又是向人打听，最后终于发现，你可能是感冒了。我迅速下楼给你买了小柴胡颗粒，然后冲好五毫升，用针管喂你。我小心翼翼地让你躺在我的手心，轻抚着你的刺。你慢慢地张开了四肢，我看见了你的小眼睛、小耳朵、小嘴巴、小牙齿。我用针管一推，你是那么调皮，一蹿，两毫升的药就全都挤到你的身上了，你成了一只焦糖刺猬，哈哈。

记得那天晚上，上完书法课回家后，我去看你，妈妈去打扫厕所。这时，我听到妈妈一声尖叫，我还以为是妈妈摔倒了。我连忙跑过去，却看到妈妈慌张地跑向客厅，她对我说："小刺猬落到便池里……淹死了……"顿时，整个家里的空气凝固了。我和妈妈六神无主，既伤心又害怕。妈妈故作冷静地在阳台浇花，我在房间看书，我们都不敢踏进洗手间半步。半个小时过去了，我再也忍不住了。我鼓起勇气，喊上妈妈，准备把你从便池里捞起来。我突然发现，你动了！我兴奋地大叫："妈妈，小刺猬动了！"我们立马把你捞出来，又打来一盆温水，让你泡了一个温水浴。然后，我们拿来吹风机和毛巾，给你做了个护理。你好像在对我们说："谢谢你们救了我。"我们也笑了，一边抚摸着你一边说："不用谢，不用谢。"那一晚，我们和你一样，睡得那么温暖，那么甜蜜。

没想到，没过多久，遇上了贵阳强降温，你还是患重病走了……我含着泪把你安葬了。我的好朋友，希望你在天堂开心快乐，我也会在这边开心快乐地生活！

大厨终于出徒了

彭诗童

现在的我是同学眼里的大厨，但谁知道我刚刚学做饭时，是多么艰辛。

记得第一次做饭是在五年级的时候，我学做煎蛋。开始，我把火开到最大,不等锅热就倒油。"砰!"锅里的水和油跳起了"踢踏舞"。这下可把我吓坏了,连忙抄起锅盖当盾牌挡在身前。

母亲走过来,看到这一幕,哭笑不得:"很好!现在你已经有了炸厨房的潜质了!"母亲关掉了火,回头又说,"我亲爱的小公主,你去一旁歇着吧,免得把房子烧了。"我只好灰心丧气地回到自己的房间,第一次做饭以失败告终。

有了第一次,还有第二次。

"年糕,辣酱,泡菜……"很好,我要开始做饭了!这次我要挑战的是炒年糕!开火,倒水,将年糕泡软。然后倒酱油、洋葱、泡菜,爆炒一下之后放辣酱,放糖。咦,糖呢?慌忙中我抓起一个罐子,舀了一勺白色晶体倒入锅中。最后一步,放年糕。再翻炒一会儿,哈,炒好了,看起来样子还不错嘛。我夹起一块放入嘴里。

"呸!呸!妈呀!这么咸!舌头都要掉了。"母亲也品尝了一块,连忙吐出来。"哇!咸菜啊!你怎么做事不按规矩来呢!你应该……"母亲细心地说了一遍炒年糕的方法。我检查之后才明白自己错把食盐当成糖了,这都是事先没做好准备的错啊!我不舍地把炒年糕倒进了垃圾桶,反思着这次教训。

就这样算了吗?不行,我还得试。这一次,我打算尝试做蛋包饭。

炒饭前,我先回顾了前几次失败的原因,心想,我这一次要先把东西准备好,以免到时手忙脚乱。一切就绪了,我便开火,倒油,煎蛋饼,一旁的锅里盛着炒饭。鸡蛋渐渐变成了金黄色,我不慌不忙地倒入炒饭,最后翻蛋饼,让蛋饼包住炒饭,再翻几次,出锅。然后,我还颇有创意地挤了一些西红柿酱到煎蛋上,黄色的蛋饼上加上红红的西红柿酱,颜色搭配一看都不错啦,我自己看了口水都差点儿流出来啦。

我把做好的蛋包饭端到桌子上。"不错,你可以出师了。"母亲尝了一口蛋包饭，露出欣慰的笑容。我自己尝了一口，嗯，好吃！鸡蛋饼包裹着弹牙的炒饭，火腿的香味配上西红柿酱的甜美，口感棒极了！我坐在餐桌上大快朵颐。

哈哈，我这个无师自通的厨师终于可以出徒了！

你能告诉我，真好

陈美玲

在我的记忆中，能在我犯错时给我指出来，在我生病时提醒我及时吃药，在我孤单时告诉我还有她在我身边的，也就只有那几个人罢了，这其中就包括你——我亲爱的朋友。

"喂，这道题你会做吗？""这个呀，应该这样做……"我耐心细致地给你讲了解题的过程。第二天早上，你坐到我旁边来，用柔和的语气问我："亲爱的，可以给你说一件事吗？""当然可以。""其实，你昨天告诉我那道题的解题方法，是错的，我也是刚刚发现的。""错的？哦，对不起，我一直以为是对的。""没关系，我现在给你讲讲吧，正确的做法应该是这样的……"不久之后，在一次考试中，竟然出现了那道题。这时，我才觉得当时你能告诉我，真好！

我是一个比较粗心的人，每次总要你提醒我，而我总是在事后才发现当时多亏有你，否则我会遇到很多麻烦。"我们去吃饭吧，快走快走！"我在一边不停地催促着。"我给你讲一个故事吧，从前呀，有一个……"你又兴致勃勃地给我讲一些听来的故事了。"哎，等一下，你真是个粗心鬼，口袋里的钱快掉出来了都不知道。"我赶紧低头看："啊，还好被你发现了，要不然这个星期的生活费又没了！"

还有一次，我记得非常清楚，那是期中考试期间，早上本来阳光明媚，晴空万里，我把许久没晒、已经发潮的被子抱出来晒太阳。上午考试时，我真的太投入了，外面突然乌云密布，我竟然没觉察。有雨点滴落，我也浑然不知。即使后来发现下雨了，我还若无其事，竟把早上晒被子的事忘得一干二净。直到考试结束，遇见你，你告诉我晒被子的事，我大惊失色。而你呵呵一笑："别紧张，我已经在下雨前给你收回宿舍了……"亲爱的，你不知道，当时，满满的感动是如何胀满我的胸怀。

被人告知是一种体贴，一种信赖，一种幸福，可并不是任何时候都有人肯告诉你。

所以，你能告诉我，真好！正如春雨将滋润的喜悦告诉禾苗，夏阳用赤诚的火热告诉麦浪，秋风把成熟的讯息告诉硕果，我也希望有人能在关键的时候告诉我，哪怕只是一句"今天降温"。而我，也将尽力去告诉你，将讯息传递出去。如此，真好！

头发的爱好

黎 姿

我的头发有一个特烦人的"爱好"——凑热闹。它的这个爱好时时刻刻追随着我。

写作业

这不，我刚拿起钢笔准备写作业，头发就一根根拼着命往前挤，仿佛还你争我夺地扒拉着同伴，"我看看，我看看。"哈，这些爱凑热闹的小家伙。我把它们拨到一边，开始写作业了。它们呀，悄无声息地飞到我的作业本上，不是跟笔抱在一起，就是在字上画画。唉，我一次又一次地把它们拉到旁边，可它们呢，执着地跟我对着干。我拨一次，它们跑回来，再拨一次，它们又跑回来，害得我一个小时才写了一页。

吃饭篇

它们虽然不吃饭，可还是禁不住美味的诱惑。吃午饭了，我正低着脑袋津津有味地嚼着炒牛肉，它们趁我不留神，偷偷地抱着牛肉亲起来。我把牛肉送到口中，感觉牛肉里掺杂了什么东西，吐出来一看，原来两根又细又黑的头发和牛肉搅和在一起。这么贪吃，为什么不长牙齿呢？

该喝稀粥了，十几根头发一起玩起了高台跳水，一个个跳入我的碗中。我赶紧把它们拉上来，唉，上面沾满了黑米粥。害得我被妈妈骂了一顿，还让我给它们重洗一次澡。

刷牙洗脸

刷牙洗脸，我都嫌烦，可它们却很喜欢。一次，我正挤牙膏呢，几根头发倏地跑到牙膏上，难道你们也要刷牙？我把它们拉出来，它们又跑了上去。我洗脸时，它们直往我脸上飞，一会儿贴着我的脸，一会儿给我挠痒痒，一会儿又飞到我的嘴里。为了对付这帮捣乱的家伙，我手忙脚乱，衣服也湿了一大片。老妈不骂头发偏骂我："让你把头发夹起来，就是不听。是不是故意的？"

唉，这些头发的爱好可真奇怪。

不同的星光

苗子扬

这天，星光灿烂，十分美丽。我们望着星空，心中各有所思。

年迈的爷爷望着，感叹道："这星星真像血啊，当年抗战时，战场上到处都是这样的'星星'汇成的一条条'星河'。我们在这'星空'下，到处征战，与日本人抗争。"

奶奶听了，点头说道："没错，那年我负责照顾伤员，那些伤口真是惨不忍睹。每次晚上出去，我都觉得那些星星很红，像血。"

"我看啊，这些星星像朋友。"妈妈接过话头儿说，"我很小就没了妈妈，爸爸又忙于农务，根本没人陪我。每到夜晚，我就爬上屋顶看星星。在孤单的童年里，那些星星一直伴我成长。现在也是，它们就像一个个真诚的朋友。再说一句，你——"妈妈指着我，"一定要交上如星星般闪亮、善良的朋友。"

"你觉得呢？"我问爸爸。

"我看啊，星星如同指引人生的光。"爸爸说着，望向那美丽的星空,"我出生在一个小县城里,家里有四个兄弟,十分贫穷。小时候,家里买不起灯,我们只好借着星光读书。后来很幸运地进了高中,高三那年,学习十分紧张,我就天天借着星光复习,就是那星光,激励着我考上了大学,也成就了现在的我。"爸爸又说:"你也一定要循着那束光,考出你最满意的分数。"

我说:"星星如同眼睛,在天上看着人们的一举一动,观察着人的品格、品质,像法官一样判断着你。"

"哪是呢?"表妹奶声奶气地说,"星星如同公主的钻戒,如同皇冠上的宝石,如同河蚌里的珍珠,如同……"

身为演员的表哥说:"星星如同配角,当主角(太阳)出现的时候,便失去了光彩,而当主角不出现时,配角(星星)又重新闪耀起来,有时可能比主角更加光彩照人。"

星星是近乎永恒的存在,但是,同一颗星星,不同的人从不同的角度去观察,也会拥有不同的看法。其他事物也是如此,每种观点都不能简单地判断对与错。

湖上观景

黄悠轩

"舟行碧波上,人在画中游。"我们悠闲地划着船,荡漾在美丽的普者黑湖上,惬意地欣赏着周围的美景。

普者黑湖的水是欢快的。它们唱着歌,"哗啦啦"地流着,时而快，快得像离弦的箭；时而慢，慢得像小蜗牛在爬。它们时而柔和，柔和得像美丽的仙女轻抚琴弦；它们时而急躁，急躁得像一个毛手毛脚的小伙子。我情不自禁地把胖胖的脚丫放进湖水里，调皮可爱的水娃娃不停地挠着我的小脚丫，在水面上荡出了层层涟漪。一阵大风吹过，突然下起了骤雨。雨滴娃娃在巨大的湖面"弹跳床"上蹦来蹦去，发出"啪啪啪"的响声，那场面，真是壮观极了！

普者黑湖的山是壮观的。它们耸立于湖泊之中，坐落在平坝之上。无论是大的山、小的山，陡峭的山、秀丽的山，都有一种气魄非凡的感觉。普者黑的山还是巍峨的，一座座山峰拔地而起，各不相连，千姿百态。抬头看，它们好似万马奔腾、仙人指路、情人对望、黄牛耕地……一低头看，它们在湖光中摇曳，如龙飞凤舞。

普者黑湖的云是可爱的。经过太阳公公的照射，它们变得粉红粉红的，像天真活泼的洋娃娃。普者黑湖的云还是多变的，那一朵朵云前一秒还是一朵盛开的大莲花，后一秒就变成了一座雄伟的宫殿；前一秒还是一只吃草的小羊，后一秒就变成了一匹奔腾的骏马；前一秒还是一棵参天大树，后一秒便消失得无影无踪…

普者黑湖的水奇妙无穷，普者黑湖的山壮观秀丽，普者黑湖的云变幻无常，这就是令人流连忘返的普者黑湖画卷。

外公网购礼物

丁韦林

快乐的寒假来临了，我又有时间到外公家小住两天了。

每到假期，外公都会给我和弟弟送礼物，这次也不例外。外公先征求我和弟弟的意见。我想要一个四轴飞行器，弟弟一听，觉得很新鲜，决定也要一个。

我们三个人高高兴兴地到超市选礼物。一架飞行器要三百多块钱，外公毫不吝啬地要掏钱买。我知道外公的退休金不多，可又不想说不要，真是很矛盾。这时，我突然想到现在很流行网购，不如也让外公跟上时代的步伐，学学网购吧！于是，我赶忙制止外公，说："外公，我们到淘宝网上看看吧。既能货比三家，还能节省开支，何乐而不为呢？"外公一听，欣然接受。

回到家，我打开电脑，登录淘宝网，在搜索栏里输入"四轴飞行器"几个字，然后点击了"搜索"键。随着网页的跳转，映入眼帘的是种类繁多的各种飞行器，外公看得眼花缭乱、不知所措。我告诉外公，我们可以用输入条件，筛选排除一部分，比如把价格定在三百元以内，这样，超出这个范围的商品就不会再显示了。然后，我们可以按照信誉度排名排序，这样就可以在信誉度高的网店进行选择。最后，我们还可以通过销量和好评的数量进行对比。外公一点就通，他按照我说的方法浏览了一会儿，终于在一家商铺中选到了一款满意的四轴飞行器。外公还没有完全放心，他又查看起了商品的评价。看来，外公还真会举一反三呀！

下单、付款之后，这次网购就基本完成了。我们怀着焦急的心情等待了四五天，外公说，网上买东西挺方便，就是不能马上拿到手。终于，货到了！我和弟弟迫不及待地打开包装，啊，飞行器真漂亮！和网上描述的一样！把电池充满电后，我和弟弟带着外公一溜烟跑到楼下广场试飞。果然，这种飞行器比以前玩的遥控直升机容易操纵多了，落地也很平稳，不容易摔着螺旋桨。经过几次练习，我已经可以轻松地驾驭飞行器了。起飞、前进、翻转……感觉好极了！很快，我的周围便聚集了几个小朋友，他们都露出了羡慕的表情。再看看在一边"袖手旁观"的外公，他的脸上乐开了花。

每年，外公都会送给我们不同的礼物，没想到，今年外公会通过网购来送礼物。外公真是个一点儿也不落伍的"时髦"老人呀！

妈妈是气象观测员

吕晨希

我的妈妈是一位气象观测员。星月与她为伴，风雨与她同行，她每天用一支铅笔、一本记录簿、一台电脑，记录着老天爷的各种"脸色"，为天气预报提供准确的基础数据。妈妈是"天空的翻译员，地面的指导员"，她收集的数据关系着大家的出行安排，影响着农民的耕种收获……

场景一：严谨和枯燥

　　工作时，每小时的整点前妈妈都要观测和记录温度、湿度、风向、风速、气压等，记录内容有二十余项之多，她还要在很短的时间内编发出气象报告，忙得像打仗似的。观测工作枯燥无味却又严谨神圣，因为这是气象工作的基础业务，关系着其他工作的准确性，一点儿细微的差别就会导致完全不同的结果。观测员每小时都要重复枯燥的步骤和动作，不能偷工减料，要求准时准确，任何差错都算"工作事故"，严重的还会被全省甚至全国通报批评。

　　唯一让我觉得有趣的是妈妈的工作记录簿，上面的格子密密麻麻，字小得像"云南十八怪"的米上刻字，就是写错了也不能像我们学生写作业那样涂擦，只能画线订正。

场景二：一人工作，全家同苦

　　为了使数据准确，观测场都设在空旷、偏僻、无人干扰的地方，这也是气象观测工作鲜为人知的原因。妈妈大学毕业后便从事气象观测工作，那时候她还是大姑娘一个，胆子小，晚上一个人独立值班时，那个怕呀！观测场在黑漆漆的小山顶上，树影、风声、鸟叫已经让人心跳加快，时不时冒出的毒蛇和野猫更是能将大男人都吓得半死。爸爸自然不放心，只要妈妈值夜班，他就过去陪妈妈。妈妈观测记录的时候，爸爸在旁边帮忙照手电，妈妈走到哪儿他就跟到哪儿。

　　气象观测要求二十四小时不间断，妈妈和同事轮流值班，日夜坚守，风雨无阻。遇到雷雨、台风等恶劣天气，别人往家里躲，气象观测员却要往外跑，他们要冲到观测场及时测雨量、风力和雷电强度。

这种时候，妈妈连吃饭都脱不开身，我们气象家属得齐齐上阵，做饭，送饭。

场景三：紧张敏感的"职业病"

观测员对天气变化反应敏感，工作久了，就会变得"神经质"，一听到风吹草动，马上担心出现灾情。我妈妈就常常做噩梦，她总是梦见观测仪器突然坏了，时间到了却无法发出气象电报，要不就是梦见数据忘了上传、忘了发报，被通报批评……最惨的一次，妈妈梦到闹钟响了，自己当晚要值班，她跳起来边穿衣服边往外冲，爸爸问她干啥去，她说"值班去"。等清醒过来，她才发现自己那天休息呀！

气象观测是世界性的工作，很多操作都在同一时间进行。妈妈说，每次到了观测场，打开仪器的瞬间，想着全世界不同肤色、不同年龄的众多观测员同时在开工，就会有一种"神圣的自豪感"。

妈妈热爱她的工作，她多次创造了"气象测报业务连续百班无错情""地面250班无错情"的纪录，常常被评为"市优秀气象业务员"，还两次获得"全国质量优秀测报员"荣誉称号呢！有这样一位妈妈，我觉得挺自豪的！

那抹微笑，牵动我的情思

尚明月

岁月的银河中，闪烁着星星点点的光芒，那抹微笑便是我记忆深处最亮、最耀眼的一颗星；翻开记忆的篇章，那抹微笑便是最华丽、最动人的一页……

亲爱的朋友，还记得吗？

那是我们初次见面，我的骄傲让我不可一世。我找不到自己的笔，随随便便就说你拿了我的笔。我当着全班同学的面大声斥责你。令我没有想到的是：你停下正在做的作业，将笔从我抽屉里找到后默默地放到我的桌上。我呆住了：为什么要忍受我如此粗暴的言语？你为什么不反抗？我惊愕地看着你。你笑了一下，继续做题。那时，我打心底里佩服你。

亲爱的朋友，还记得吗？

当我考试失利，一个人躲在角落里，是你最先发现的。你笑着对我说："这次的失败，是为了下一次的成功做准备。"你的话让我警醒，让我顿悟。你的微笑，如阳光般照进了我的心里。

亲爱的朋友，还记得吗？

我对你说过，你的笑容很美，很温暖。你说你以后会一直乐观下去，保持你那特有的微笑。可是为什么，当你要转学时，泪水还是不停地落下？我告诉你：你的离去不代表以后的不见，我相信我们还会再见面的，对吗？你绽放了最美的笑容，向我告别。

渐渐地，我也学会了微笑，以乐观的心态去面对生活中不快乐的事。

你的微笑，时时在我眼前闪现。那抹微笑，教会我宽容和尊重；那抹微笑，教会我正确面对失败；那抹微笑，教会我珍视友谊。

那抹微笑，牵动我的情思。我会永远珍藏起来，永远，永远……

萝卜的梦想

刘 溪

很久以前，当它还是一粒种子的时候，人们把它和许多种子种在了一块土地上。那时，它很想睡觉，于是，一被种到地里它立刻沉沉地睡去了。

在它睡觉期间，种子破土而出，长成了一个个又大又多汁的萝卜，它还在继续沉睡。当人们在它头顶建起一栋房子时，它还是浑然不知，直到……

"嗒嗒嗒，嗒嗒嗒"，又是一阵怪声传来，真是的，这一个星期以来每天都有这种怪声音，小雨想道。可不是，小雨一家人已经一个星期没睡个好觉了，都是因为客厅的地板下总传出怪声音。这样下去可不行，明天一定要叫爸爸解决这件事情。小雨一边想一边用手捂住耳朵。

第二天，小雨的爸爸妈妈下班后，一家子聚在了一起，讨论着这件事。小雨说："妈妈，我实在受不了啦。"妈妈点点头："是啊，实在太吵了。"最后，还是由年长的爷爷来决定："我觉得应该把地板撬开，看看下面到底有什么。""不行，那我们住哪儿啊？"爸爸第一个跳出来反对。"总不能一直吵下去吧？"爷爷说。既然爷爷都这么说了，爸爸只好拿起锄头向地板砸去。"哐当，哐当"，地板被砸出了一个洞，紧接着，大洞中冒出了几片绿色的小叶子。见多识广的爷爷马上认出那是萝卜。小雨纳闷了，家里的地下怎么会有萝卜呢？突然，萝卜说话了："你们也真是够慢的，我已经很有礼貌地敲了你们家门好几天了。"这下子，家里可真安静了，所有人都被这棵萝卜吓坏了。过了许久，小雨才小心翼翼地问道："是你在说话吗？"萝卜不满地说："当然是我。"小雨又问："那你是用什么说话的呀？"萝卜好笑地答道："当然是用我的萝卜须啰！对了，作为一棵萝卜，我有一个伟大的梦想，你们能帮我实现吗？"爷爷饶有兴趣地说："哦？你说说看。"

萝卜说道："你们得把所有东西都搬出去才行，那样我就可以开始实现我的梦想了。"爷爷一听，立刻让我们把家里的东西往外搬，等所有东西都搬完了，爷爷朝屋子里说："可以了，开始吧。"萝卜开始慢慢长大，先是长到了足球那么大，然后长到了洗衣机那么大，最后连房子都装不下它了，房子被撑破了，家没了。萝卜轻轻吐了口气，仰望天空，一只小鸟停在它的肩头休息，萝卜开心地说道："这就是我的梦想。"小雨妈妈叫道："啊？这就是你的梦想？你知不知道你害得我们全家都没地方住了。"可爷爷却说道："长成一棵最大的萝卜对萝卜来说已经是一个很伟大的梦想了。"萝卜抱歉地说道："那你们就住在我的身体里吧，反正我已经实现我的梦想了。"于是小雨的爸爸妈妈请来了最好的工匠，把这棵大萝卜改成了一座别有新意的萝卜房子。每天都有来自世界各地的人来参观房子，他们甚至想

把这座房子买下来，出价从两百万到一千万都有。可小雨一家却毫不动心，因为这间萝卜房给他们带来了清新、舒适，也给了他们一段难忘的回忆。

马路上的"奥运会"

杭逸晨

吃完晚饭，我和妈妈出去散步，没想到碰上了一年一度的"马路奥运会"，还遇见了很多"运动健儿"和"世界冠军"。下面就让我为这次的"马路奥运会"做一次精彩的解说。

一、跨栏

一位西装革履、眉清目秀的中年男子飞一般地向障碍物——栏杆飞奔而去，以迅雷不及掩耳之势"嗖"地一下跳了起来，在空中向"观众"抛了个飞吻，还来了个300度小旋转，完美落地。整套动作配合得自然协调、毫无瑕疵，简直可以和约翰逊媲美。

二、投篮

一个手拿可乐、头戴耳机的动感少女，扬起手中的可乐瓶，投向五米外的一个垃圾桶。可乐瓶在空中划出一道美丽的弧线，还不时洒出些没喝完的可乐。只听见"哐当"一声，可乐瓶落在了垃圾桶旁。那位少女无奈地摇了摇头，好像在为自己的失误而苦恼，转身离开了。她的投篮动作和"篮球"在空中飞过的弧线比职业球员的还要优美，还要精准。

三、足球

一位戴红袖套的城管大妈，看见了地上那个被人遗弃的可乐瓶，不管三七二十一，一脚大力抽射，可乐瓶滚到了一辆汽车的车轮下，只听见"咔嚓"一声，可乐瓶终于"牺牲"在了无情的车轮下，她满意地笑了。要是我们中国多一些这样的足球健儿，中国足球一定能"踢出亚洲，走向世界"。

正因为我们中国有太多这样的"好健儿"，导致我们的形象在外国人眼中大打折扣。大家醒醒吧，别再让这样的"好健儿"出现在大街上，出现在任何一个角落！好吗？

那流淌在记忆里的淄河水

李旭辉

提起淄河，我对她真的有一种特殊的感情，因为，我的老家就在淄博市临淄区淄河村，我们祖祖辈辈都是喝着淄河水长大的。经常听大人们闲聊时提起淄河曾经的美丽，我却感觉那美丽的淄河离我是如此遥远……

　　爷爷是地道的淄河人，是在淄河边长大的，每次跟我提起淄河，爷爷总是这样说："那时候，淄河的水清澈见底，河两边绿树成荫，鱼儿、鸭子、鹅满河都是，它们在水里嬉戏、游泳。我每天都在河里捞鱼、玩水。沙子踩在脚下软绵绵的，舒服极了！"

　　"每到夏季，雨水充足，淄河水暴涨，河水滔滔不绝，她便更成了大家的乐园。尽管大人们'三令五申'：不许去，太危险！但那种诱惑有谁能抵抗？偷偷摸摸扎进水里，像鱼儿一样游得畅快淋漓！"

　　爷爷说："我和淄河，就像鱼儿和水！"

　　爸爸记忆里的淄河水，流淌得仍旧那样欢快、清澈。早晨，他们背着书包，沿着河岸边走边和小伙伴打水仗，裤脚湿了也毫不在乎。他们经常挽着裤脚，拎着鞋，踏着铃声走进校园，把欢声笑语洒遍淄河沿岸……

　　傍晚，他们疯跑出校门，只为去淄河边玩个痛快。书包扔了一河岸，成堆成堆的，分不清到底是谁的。再看看水里，也分不清到底是谁了！全是光着身子的"小泥鳅"，在水里扑腾来扑腾去，连夕阳也被他们的欢笑传染，笑红了脸。

　　当淄河村里的缕缕炊烟升起的时候，村边传来了父母们的呼唤声，他们这才感觉肚子有点儿饿了，想起作业还没写呢！于是，急忙爬上岸，抱起衣服，一溜烟儿地跑回家。当然，拿错书包也是常有的事哟！回家后，迎接他们的也常常是一场"暴风雨"！

　　爸爸说："淄河水里，流淌的是我童年的欢乐！"

　　如此温馨、欢乐的回忆，留在了爷爷和爸爸的记忆中，也留在了沿河两岸被淄河水哺育大的儿女的记忆中，它传入我的耳朵，也成为我心底一份永久的渴望。每次回老家，我都会透过车窗，带着一份期待努力寻找淄河当年的影子，但她留给我的却总是遗憾：河道干涸了，垃圾遍地都是，河滩里拉沙石的拖拉机成了淄河另一道"风

景"……淄河当年的美丽去了哪里？父辈们当年的欢乐，我又要到哪里去寻找？

那流淌在记忆里的淄河水哟……

姥姥家的歌唱家

刘 森

每次去姥姥家，在我们开门的瞬间，就会听到高亢的歌声，"哞——"。胆小的人兴许会被吓出一身冷汗呢，听声音你一定知道唱歌的是谁了吧！

姥姥听到黄牛的叫声，便快步出来迎接我们。"哈哈，我们成了贵宾了，先有黄牛的高歌一曲作为礼炮，后又迎来姥姥太阳般的热情迎接。"妈妈每次总是甜滋滋地对我说。

黄牛，一听就知道它身披黄金甲。它非常沉稳，遇事处乱不惊，你看它趴在地上，眼睛半睁半闭，像在思考着什么。一只小鸡飞到它背上，看到这情景，我不禁替这只鸡捏了把汗。小鸡在黄牛眼里，那就是会动的草料而已，惹急了说不定会把它一口吞下去呢！再看黄牛，就像没事一样，依旧满嘴流着白沫在咀嚼着什么，好逍遥自在啊！

我正聚精会神地盯着牛的嘴巴看，"哞"的一声，鸡擦着我的头发飞驰而过，鸡爪子还在我的头上蹬了一下，牛的叫声和鸡的反应，让我往后跌了一跤。呵呵，有惊无险。

牛在叫的时候，你会发现它稍稍仰起头，运一下气，才发出低沉的叫声，感觉很像"男中音"，浑厚有力。它还是一个领队呢！它的叫声过后，就会听见邻居家的牛儿马上应声和唱，俨然就像一个合唱队呢！

中午吃饭的时候，我们也不会寂寞，牛会在院子里"哞哞哞"不间断地歌唱，真懂礼貌，还知道午餐奏乐呢！不过，我这么想可是大错特错了，姥姥说："牛儿看到我们吃饭，有点儿生气，责备我们为什么不给它送饭呢！"

我顾不上吃饭，屁颠儿屁颠儿地跟在姥姥的身后给牛儿送草去。

牛儿看到我们俩给它抱来了鲜草，又"哞"地叫了一声，扑腾一下站了起来。哟，比我还高一头呢！

"这次唱的是赞歌。"姥姥抚摸着我的头说。

"唰"的一声，牛伸出的长舌头打了一个卷，就把一大把草送进了嘴里。哇，牛的舌头比我的手还厉害呢！

下午我们要回家的时候，牛儿瞪着那双铜铃般的眼睛，好像对我依依不舍的。它又把头稍稍仰了一下，哈哈，又给我们唱欢送歌呢！

难以自拔

　　主人猛一使劲儿，我的"屁股"终于挪动了一下。主人再一提，满身"土衣铠甲"的我离开了淤泥，我自由了！可惜主人没有带镜子，我可真想瞧一瞧自己当时那丑样儿，哈哈。

我和老师撞衫了

陈 珏

最近,妈妈给我买了一件黑色的羽绒服,就是帽子上有绒毛的那种。妈妈还给羽绒服配了一双小黑皮靴,穿上后,我就像一个小大人。我觉得美美的,自我感觉很不错!

可是,事情坏就坏在这件衣服上。

那天,我迫不及待地穿上了这身衣服去上学。到了学校,就在我上楼梯的一瞬间,一个人拍了我一下。我回过头,是王一丹。我大叫起来:"王一丹!你知不知道,人吓人会吓死人的!"王一丹一脸懵懂样,呆呆地说了一句:"不是陈老师啊!"然后,她拍了拍我的肩,说:"陈珏,你的背影太像陈老师啦!哦,你俩都姓陈。你想想看,同学们会咋想?你心里也明白呀……"

对了,我们陈老师也是扎马尾、穿皮靴和黑色羽绒服……我和老师撞衫了!我们班同学见了我这身打扮,还不知道会有什么样的反应呢!我犹豫了一下,还是走向了教室。

教室里原本人声嘈杂,我一走进去,大家一下子就安静了下来——唉,他们把我当成陈老师了!在安静了几秒后,一位同学说:"咦?陈老师咋变矮了呢?"前排的同学看清了我是谁后,说:"抱歉!这是陈珏老师。""陈珏不也姓陈吗?所以是迷你版的陈老

师……"大家七嘴八舌地议论着。我飞快地冲向自己的座位,同学们立刻把我围了起来,轮番"轰炸"。这时,真正的陈老师走进了教室。她大吼一声:"都乱什么乱?快回座位上去!"接着,陈老师看了我一眼,眼神里满是惊讶。我只能尴尬地对陈老师笑了笑。

下了课,我像往常一样去擦黑板。因为有的地方太高,我只好踮起脚尖。胡安祺指着我说:"你们有没有觉得,陈钰擦黑板的样子很像陈老师?""对对对!"同学们群起呼应。就这样,我穿着黑羽绒服度过了尴尬的一天。

难以自拔

缪林涵

大家好,我是一双普通的雨鞋。不幸的是,我的主人是"冒失鬼"豆豆。

今天,我跟着主人到了一个"莲叶何田田"的藕塘。藕塘里的荷叶已经呈现枯败的迹象,叶子东倒西歪,很多叶片上已经有了大片的枯黄色。虽无"接天莲叶无穷碧,映日荷花别样红"的美丽景色,但想到那香香脆脆的甜藕,主人心里满是期待,他立刻驱使着我下田摸藕。

主人的第一步就跨出了老远,不过,踩下去之后,他就不动了。他把一把大铲子狠狠地插进泥土中又拔出来,插进去又拔出来,原来,他是在把铲子当拐杖用呢。可即使有了"拐杖",他还是步履维艰,每走一步都得费九牛二虎之力呀,因为塘里的泥实在是太多啦!

这时,主人大概想换个地方找藕,就一使劲儿,想把我从泥里拔出去。可我的身上像涂满了502胶水,被牢牢地粘在了泥里,主人怎么拔也拔不动。主人开始不停地摇晃,他前后左右地晃动着身体,渐渐地,我感觉不那么窒息了……只听"呀"的一声,主人猛一使劲儿,我的"屁股"终于挪动了一下。主人再一提,满身"土衣铠甲"的我离开了淤泥,我自由了!可惜主人没有带镜子,我可真想瞧一瞧自己当时那丑样儿,哈哈。

不过,我显然高兴得太早了——主人的重心不稳,好像要摔倒了。他抓住了一根荷叶梗,可软软的荷叶梗顶什么用呀,主人的身子一晃,还是重重地摔了下去,溅起了三尺泥水。他不但摔得满屁股都是泥,我也再一次深深地陷进了淤泥中……天哪,忙活了半天,主人连一节藕也没有挖到,我却遭了好几次罪,我真是"遇人不淑"呀!

这时,泥里的我听到了主人与主人妈妈的对话——

"豆,三点钟方向有一个藕!"

"妈,我的脚陷进泥里了,拔不出来,走不了路,别指望我挖藕了!"

过了一会儿,我又听到了主人的求救声:"爷爷,快帮我一下!我的脚拔不出来了!"主人的爷爷走了过来,他一只手抓住主人的腿,另一只手扣住我的背,一使劲儿就把我拎了出去!我又一次"重见天日"了!

在这样反反复复的折腾中,我好不容易才碰到一个硬硬的家伙。我提醒主人:有藕。他弯下腰,伸出双手,在泥里扒呀,扒呀……终于,我听到了一个扬扬自得的声音:"看,我扒到莲藕啦!"

小主人是扒到了莲藕没错,但,我又一次被困在泥里,难以自拔啦……

第一次做酒店服务生

施劲宇

暑假的一天,妈妈去大酒店给学员们做培训,我也跟着去了,还幸运地当了回酒店服务生。

我和妈妈先去自助餐大厅。我发现,用过餐的桌子上一片狼藉,杯子、盘子、筷子、刀叉等摆满了一桌,椅子也是东倒西歪的。于是,我自告奋勇,当起了服务生,开始清理桌面。

我先把桌子上的盘子一个个叠好,再把刀叉轻轻地放在盘子上,然后把盘子托在手里,小心翼翼地交给站在旁边的"正牌"服务员阿姨。我环顾四周,看到周围还有不少桌子都"脏面朝天",就一张张地整理桌子上的餐具。

接下来的任务就是迎接客人啦。我学着服务员阿姨的样子,站在自助餐厅的门口,见来了一位阿姨,我便微笑着对她说:"欢迎光临!"阿姨对我微微一笑,点了点头就进去了。

把客人引入座位之后,有一个小妹妹忽然来拉我的衣角。她问:"姐姐,你知道煮鸡蛋放在哪里吗?"我微笑着对她说:"当然知道了,跟我来吧。"我领着她到了放煮鸡蛋的地方,还帮她拿了一个煮鸡蛋。小妹妹接过鸡蛋,说:"姐姐,你真好。"她可爱的脸上写满了对我的喜爱之情,让我好有成就感。

这时，我又发现一位大哥哥好像在找什么东西。我过去轻轻地问道："请问，你要找什么啊？"大哥哥回答道："小妹妹，你知道豆浆在哪儿吗？"我带着他来到了放饮料的地方，指着放豆浆的铁桶说："就在这个桶里面。接豆浆的时候，不要碰到铁桶了，因为桶很烫的。""谢谢！"大哥哥感激地对我直点头。

就这样，一个上午我都在自助餐大厅里帮助来吃早餐的客人，服务员阿姨和客人们都夸我是一个合格的小服务员，我被大家夸得都有点儿脸红了。

有了这次做服务生的经历，我深深体会到了服务业的辛苦。我觉得，能用自己微薄的力量让别人感到高兴，是一件特别美好的事情。

公交二三事

霍思域

去年暑假，我们搬新家了。新家在南坪，距离我上学的地方有十几千米，这下，我必须天天乘坐公交车上学、放学。虽说我是一个心细的女孩子，但偶尔也有发生意外的时候。

五一小长假前的一天，我坐公交车回家。因为马上就是假期了，乘客非常多，整个车厢挤得水泄不通，想换个站立的姿势都没有多余的空间。个子矮小的我，被一拨儿又一拨儿拥上来的乘客不断地向后挤，一直被挤到了车厢的最里面。我艰难地支撑着，心里念叨：快点儿到站吧！快点儿到站吧！终于熬到了南坪，下一站就是我要下车的万寿路路口了。我扭转身,小声地对那些挡着去路的叔叔阿姨们说:"请让一下,谢谢。"礼貌和微笑果然有效,严严实实的人群被我挤出了一条缝儿。我费力地向前挤着,眼看就要到车门口了,车门却缓缓地关上了!司机一踩油门,公交车飞快地向前驶去。我急了,大声喊道:"师傅!开一下门!"可司机却说:"晚了,等下一站吧!"我茫然无助地站在车门口,委屈得快哭出来了。这个司机怎么能这样?是不是看我年纪小,好欺负呀?我愤愤地想着。到了下一站——四小区,我急忙跳下车。想着还要走很长一段路才能回到家,我不禁难过得哭了起来。

还有一次,也是从学校回家。那天我特别困,一上车,我就抱着书包呼呼大睡起来。也不知道睡了多久,我被一阵剧烈的颠簸惊醒了。咦?这是哪儿?广播里传来了悦耳的女声:"下一站,南区公园路。"南区公园路?……啊!我睡过站了!再看看车窗外的景物,我发现公交车已经行驶到了菜园坝大桥的桥头。怎么办?怎么办?不,不要慌,要镇静。我背好书包,假装镇定地走到车的后门处,期待着能赶紧下车。但是,汽车正行驶在大桥上,哪儿能停呢?见我一脸着急的样子,旁边的一位叔叔友善地提醒道:"小朋友,下车还早着呢,桥上正在堵车,估计要堵很长时间。"我"哦"了一声,回到了座位上。车终于到站了,我也下了车。这下,我该怎么回去呢?正当我愁眉不展时,一辆819路公交车稳稳地停在了我眼前。呀,这不正是我回家要坐的车吗?我三步并作两步跨上车,哈哈,我太走运了!

奇妙的鸟语林

郑睿婕

这是什么声音?

有的清脆嘹亮,像一股清泉流过林间;有的略带沙哑,像一个女中音在婉转歌唱;有的低声呢喃,像母亲轻吟孩子的乳名。

穿过一片竹林,我们便来到了福州森林公园中著名的鸟语林。

呀,真是鸟的世界!一眼望去,只见许多可爱的白鸽扑腾着翅膀飞上飞下,咕咕地叫着;成群的孔雀静静地在树下乘凉,或坐或卧,或几只凑在一起窃窃私语,或三五成群结伴漫步;几只色彩绚丽的金刚鹦鹉在树枝上得意非凡、摇头晃脑——鸟语林中呈现出一片欢乐祥和的气氛。

这真是一个奇妙的世界!

你知道鹦鹉竟然是杂技高手吗?有只鹦鹉会骑车,有只鹦鹉会举重,竟然还有一只鹦鹉会说:"你来啦?什么时候到的?"让观众们惊奇不已,开怀大笑!

走过鸣禽长廊,一只雪白的丹顶鹤就在眼前。它头顶鲜红的宝石,一对机灵的黑眼睛忽闪忽闪,滴溜溜地转个不停。细嘴尖尖,脖颈长长,看上去既高贵又优雅,那潇洒的风姿,赫然就是一只"鹤绅士"。我想看看这绅士有多么高贵,就把装着鸟食的袋子伸上前去喂

它。起先，它矜持地叼了几粒玉米，让人觉得它风度翩翩。或许觉得口味不错，它竟然忍不住又上前啄了几粒。才吃完，好像觉得还不过瘾，它索性将尖嘴伸进袋里想多吃几口，可是袋子瞬间被它撕开一道大口子，洒了半袋玉米，倒吓了我一跳。丹顶鹤好像忘记了绅士风度，幸灾乐祸起来，伸长了脖子仰面朝天"咯——咯"地叫个不停，仿佛在嘲笑我。

这个鸟语林，真是奇妙呀！

邻居家的报纸

徐嘉予

有人说，妈妈那一句句唠唠叨叨的言语，是一种关爱；有人说，爸爸严厉的目光，是一种关爱；但"远亲不如近邻"，邻里之间互相帮助，互相关心，也是一种动人的关爱。关爱有时像一泓清泉，冲去你心中的烦恼；关爱有时像一场及时雨，解了你的燃眉之急；关爱有时像一缕金色的阳光，让你感到温暖，感到快乐。人与人之间互相关心，互相关爱，就能让世界充满爱，充满美好。

外婆的邻居是一对老夫妻，一年到头有好几个月在上海居住。外婆和外公本来就是热心肠的人，见到这种情况，就主动承担了帮邻居收报纸的任务。邻居订了好几份报纸，外婆每天不忘叫外公去收报纸，我们总能听到她急促的声音："老头子，快去帮他们把报纸收上来！"接着，便是一阵匆匆的脚步声……

那是一个寒风呼啸的早晨，我们去看望外婆和外公，正好看见外公下楼去拿报纸。外面阴冷潮湿，刺骨的寒风"呼呼"地刮着，树叶被风吹得"哗啦哗啦"直响，平时四处流浪的几只猫更是不见了踪影。我们生怕年迈的外公感冒，都劝他别下去了，可他却很坚持："没关系，没关系。他们家报纸订得多，要是我几天不去拿，报纸可能会丢的。"

不一会儿，外公回来了，抱上来一大叠报纸，他仔细地把自己家的报纸和邻居家的报纸区分开来，又小心翼翼地叠在以前的报纸上，这才走开去做自己的事情。

我对邻居订的《都市快报》很感兴趣，正要伸手去拿，被外公看见了。外公急急忙忙走过来，轻轻地将我手中的报纸摆好，放回原处，又一脸严肃地对我说："这报纸是邻居家订的，不是我们的。等他们回来了，这些报纸可要还给他们的。如果你要看，就看咱们自己订的吧。"可我不肯罢休，缠着外公说："就看一下嘛，小心一点儿就是啦，看一会儿也没关系呀……"外公不为所动，一遍遍地给我解释：报纸是别人的，不能动。我心里好一阵感动：外公不但每天帮邻居拿报纸，还将它们整理得干净整齐，小心地保管起来。这是多么真诚的举动啊！我心里对外公充满了敬佩。

这样日复一日，年复一年，外公外婆总是不忘记将自己家和邻居的报纸整理好，而邻居的老夫妇在每次回家时，也都会带一些上海的小吃给外婆和外公。两家人一直守望相助，其乐融融……

为什么提笔忘字

胡博文

今天,我们沂蒙晚报小记者亲子作文班的同学们在街头举行了"汉字书写调查"活动。

我们随机找了一些人,让他们来填写我们制作好的汉字书写调查表。调查表上共有四组词语,一组十个词语,每个词语有一个空需要填写。调查结果让我们大吃一惊。四个人都是提笔忘字,一位叔叔错了六个,一位阿姨错了七个,一个姐姐错了四个,一位爷爷错了一个。没有人全对,错误率达到了45%。

是我们的词语很难吗?不是。这些词语都比较简单而且是常用的,是从小学1~6年级的语文课本上找来的,如绿树成荫、呕心沥血、再接再厉、羞涩等。

为什么这些经常挂在嘴边而且日常生活中常用的词语,会有这么多人写错呢?我和爸爸妈妈爷爷奶奶讨论后,认为有以下几个原因:

一是有的成语确实没见过,没学过,不熟悉;二是学过,可当时就学得似是而非,模模糊糊,所以记不清了;三是时间久远,已经忘记;四是随着科技的发展,人们的日常生活越来越依赖电脑,已经很少用笔来写东西,基本依靠键盘打字来完成日常的书写任务了。而且在输入文字时,大多数人使用的是拼音输入法,不再需要记忆字的具体写法，从而加快了人们的忘却速度。

　　这次调查发人深省，令人震惊。在此，我呼吁所有的家长、学生，所有中国人，一定要多读书，多写字，多动笔。作为一名中国人，如果连汉字都不会正确书写，是一种莫大的耻辱，也愧对我们的祖先！

我走进了谷仓

田昊飞

　　本是黑漆漆的夜，太阳却从西边升起，高高地挂在天空。那一天，我无奈地走进了一个新的教室。

　　恍惚中，我的步履轻盈起来，原本沉重的书包也霎时变成了灵巧的尾巴，在身后左摇右摆。远远地，我看见伯尼先生站在他的谷仓门口向我招手。他没有习惯性地叼着雪茄烟，而是手里拿着一本书。我紧走几步，轻快地跳进了谷仓。

　　嗬，谷仓里的朋友可真不少！母鸭"大小姐"嘎嘎地叫着，蹒跚着冲向我，公鸡"勇哥"则冲过来用双翅拍打着我的肩膀。两匹马阿米莉斯和神奇莉儿，欢快地打着响鼻儿，绕着我和伯尼先生撒欢，还不时探过脸来蹭我。山羊威利和小山羊西奥，咩咩地奔过来，用它们柔软的小蹄子一边一个拉着我的爪子左右晃荡："惠灵顿，你怎么才来？"一群矮脚母鸡花团锦簇般地围着我边走边咯咯叫："惠灵顿，惠灵顿，你的位置在那边，我们都想听你讲你的传奇！"黑妞接过我的书包背在自己肩上,公鸡勃拉姆斯也挤过来,动作猛烈地一推一搡,似乎是嫌我抢了他的风头。我暗自庆幸自己的身体灵活,没被谷仓的朋友挤伤。我被大家簇拥着,推搡着,跟跟跄跄地来到座位前。

我下意识地向四周环视了一下。独眼大佬赫然坐在旁边,用三根手指捻着胡须,微微点点头,艾比和小班正帮我擦拭桌椅,守望鸦格里古里在不远处聒噪:"这里!这里!你坐这里!""喵呜——喵呜——"我赶忙回应。两条狗哈活和马克西姆像是得到了伯尼先生的特赦,兴奋地在桌椅间钻前窜后,嘴里还呜呜地吠着。我的双眼不觉有些湿润,回头看看伯尼先生,他挥挥那只拿书的手,轻轻说:"坐吧。"

"宝贝,宝贝,起床了!"我揉揉双眼,窗外淡淡的晨光透过窗帘射了进来。哦,我想起今天是我上学的第一天。

到了学校,走上二楼,我看见六年三班的班主任老师站在门口正冲我招手,她的手里拿着一本书,正是我最喜欢看的那本书,美国作家艾伦·阿姆斯特朗写的《惠灵顿传奇》。一进教室,全班同学都热烈欢迎我。一瞬间,我觉得这就是那个充满爱的谷仓,他们就是那些热情的谷仓里的朋友,老师就是那慈爱的伯尼先生,而我就是惠灵顿。

人生的第一次理财

周露阳

这周六,我去上了一节"财商课"。首先,老师讲了几点理财知识,接着就开始了最吸引我的"投资市场"环节。

市场理财有五种选择：定存、保险、基金、股票和不动产。在活动开始前，老师叮嘱我们："风险低低，收益低低；风险高高，收益高高。"他还特别交代我们市场会波动，要谨慎认真地选择。

第一次实践，我选择了定存。"不管市场怎样，定存都不会亏本。"我紧紧地握着手里的一百块钱，心里这么想着。我坚定地走向了定存的队列，把一百元启动资金交了上去，心儿"怦怦"直跳。过了一会儿，"市场信息"显示了出来："亚太地区成为全球最大市场——定存收益5%，保险收益5%，基金收益10%，股票收益20%，不动产收益40%！"哇！我惊呆了，"不动产"居然可以赚那么多，收益可真高呀！"投资"不动产的只有两三个人，他们乐滋滋地把赚到手的"票子"拿在手里。眼看着一张钞票变成了一沓钞票，我的心不禁痒痒了。要不，我也去"投资"不动产？

"可是，万一亏了怎么办？"另外一个念头闪现在脑海中。我刚刚才赚了五块钱，万一赔了本，把启动资金都给赔掉了怎么办？我可赔不起啊！不行，不能去！

那，接下来我要"投资"什么好呢？对了，去"买"保险吧，保险有"防摔垫"，即使摔下来也不会摔得太惨！我赶紧去了"保险"那队。果然，结果显示："马来西亚航班失踪，市场受到重大打击，不动产亏本30%，股票跌至原本的20%，基本基金亏本20%……"只有稳定的定存和保险赚了五元。我大大地松一口气：还好我做出了明智的选择。

看到别人手里拿着赚来的钱，我又觉得自己的方式太保守了。我按部就班地来，才赚了十元，实在太慢了！我经不住诱惑，鼓起勇气走向了基金的队列。在我紧张的注视下，公布"市场信息"了："因为受到加拿大取消投资移民消息的影响，不动产跌了20%，保险收益增加了10%，基金跌了10%……"哎，真是意想不到啊！一位工作人员大步流星地走了过来，硬生生地把我手里的钱抢走了。唉，我花了

好一番工夫才赚的钱，还没在口袋里焐热就这样飞了！要不是必须遵守规则，我真想去把钱抢回来。

这一来，我再也不敢"投资"高风险的理财产品了。我又去定投那里赚了十元，总共得到了一百一十元钱。握着这难得的一百一十元钱，我心里暗暗想："投资有风险，入行需谨慎！"

这次的理财体验活动，真是让我们受益多多呀！

饺子里吃出"钱"

耿天乐

俗话说："大人盼种田，小孩盼过年。"在我的左顾右盼中，新年终于来了。

在这个合家团圆、万象更新的日子里，家家户户都有一套新的过年方式，我们家也不例外，我在饺子里"吃"出了压岁钱哦！

除夕那天，一大早，妈妈就买回来一堆水饺皮，还买了许多食材，有猪肉、韭菜、豆沙、牛肉……真是五花八门、应有尽有。我望着这些食材，觉得十分好奇："咦？我们平常不是只吃一种馅儿的饺子吗？今天妈妈的葫芦里到底卖的什么药啊？"

妈妈把我们一家聚集起来，大声宣布道："今天我们吃水饺。这可不是一般的水饺，今年能拿到多少压岁钱，就看你们吃的什么水饺了。吃到一个韭菜饺子加五元，吃到一个猪肉饺子加十元，吃到一个牛肉饺子加十五元。如果吃到一个豆沙饺子，就给别人五元！"吃饺子竟然与压岁钱挂钩？哈哈，这可太有意思了！

　　夜幕降临，烟花爆竹开始登场，我们家香喷喷的饺子也出锅了。我挑了一盘看起来最多的饺子，心里想着："一定要是猪肉或牛肉馅儿的呀，千万不要是豆沙馅儿啊！"

　　我夹起一个饺子，咬了一口，唉，真是出师不利——第一个就是豆沙馅儿的。对我这个"穷光蛋"来说，这笔账只能先欠着了。再看爸爸，他吃的饺子全都是猪肉馅儿、牛肉馅儿的。爸爸得了便宜就卖乖，居然开始炫耀了。老天好像看不惯他的所作所为，他盘子里剩下的饺子全是豆沙馅儿的，哈哈！这下爸爸可被"坑"惨啦。再看妈妈，她虽然没有吃到一个牛肉馅儿，但也没吃到一个豆沙馅儿，所以也拿到了不少钱。最后，饺子被我们一家三口"洗劫一空"，我赚了一百零五元，妈妈赚了一百一十五元，爸爸只赚了九十元。

　　我摸着吃到饺子赚的钱，想着："但愿下一年还有更好玩的新花样！"

学霸生病了

余木森

　　一天，学霸生病了。

　　早上，学霸来到教室的时候，面色蜡黄，呼吸沉重。更奇怪的是，从学霸的身体里散发出了一股刺鼻的油墨味道，就像火山爆发之前的硫黄味儿一样浓烈，好像有什么东西随时都会像岩浆一样，从学霸的身体里喷出来。

上课了。学霸刚要开口叫"起立",一个英文单词就从他的嘴里飞了出来。他还来不及把嘴闭上,一个公式又掉了出来。学霸吓坏了,赶紧死死地捂着嘴,生怕再有什么东西跑出来。这一捂可不得了,学霸不停地咳嗽,咳得气都喘不过来了。一大堆公式、字母、段落像唾沫一样,喷得到处都是。一开始,它们只是从嘴里喷出来,过了一会儿,从学霸的眼睛里、鼻子里、耳朵里,甚至是皮肤里都冒出了"金牌冲刺""考试宝典""挑战200分""学霸是这样炼成的"……

老师在一旁急得团团转,他赶紧捡起掉出来的东西,想把它们重新送回学霸的脑子里。可无论老师怎样努力,都无济于事。更多的铅字、公式、定理源源不断地涌出,眼看学霸的一生所学就要化为泡影了,老师赶紧打了120,把学霸送往医院急救。

到了医院,医生一看,连连摇头,说:"哎,一看就是用脑过度,大脑短路了。得马上洗脑!如果洗脑还不行的话,就只能进行'脑种植'了。"正说着,学霸打了一个大大的喷嚏,一本《牛津英汉双解词典》从他的鼻孔里飞了出来。幸好医生身手灵活,躲避及时,要不然,非被那本又厚又重的词典砸出脑震荡不可。

医生给学霸开出了处方:请该同学多多运动,最好是游山玩水,增加大脑的供氧量,同时用听音乐、画画、看电影等方式进行辅助治疗。

现在,学霸同学应该正在旅游的路上吧!

当个班长真不容易

王 宇

我荣幸地被选为一班之长,沾沾自喜,原以为捞得了一件"美差",没想到却五味杂陈,身不由己,实在是不容易。

镜 头 一

伴随着铿锵有力的高跟鞋声,语文老师面带微笑走进教室,她瞟了一眼黑板,笑容僵住了,黑板上还满是凌乱的英语字母,我一看也傻眼了。

老师生气地问:"班长是谁?"我只好低着头站起来。

"你去擦!班长不是应该提醒值日生干值日吗?太不关心班级了,失职!"我一边擦着黑板,眼泪一边在眼眶里打转,耳边还有老师的批评教育。我心里像有一只虫子在爬,全是我的失职吗?看来当好班长不是光顾着自己。

镜 头 二

那节数学晚自习,有两名同学在班里打了起来,我急忙去制止,但是闹得太厉害了，好几张桌子都推翻了，书本撒了一地，有的在劝架，有的在起哄，班里乱成了一团，我使出全身力气不住地喊着。

没想到检查老师推门而入，呵斥道："干什么！造反吗？班长呢？站出来！"我胆战心惊地走到老师面前，检查的老师指着我："班里乱成这样，你干什么了！"

"我……"我想要为自己辩解，可没到嘴边的话又被老师噎回去了："去！叫你班主任来，真是的！"我无奈地走出教室，心中塞满了委屈，我管了，我真的制止了，可是……唉！当班长真难呀！

镜　头　三

科学课上，老师让我们自己做练习，这时，我左右两个同桌说笑起来，闹得声音很大，我便制止他们，左说右劝，谁也不服，于是我就对和自己比较要好的他轻声说："不要说闲话了，耽误学习不说还影响其他同学，有事下课再说。"没想到另一个同学却说我向着他，冲我大吼："有什么了不起？哼！"从此不再理我。连解释的机会也不给我。我冤枉啊，我是百口难辩啊，唉！

当班长真的这么难吗？有委屈，有误会，也有伤心，但是，我更有快乐和成长，不是吗？因为我的坚持，上课的纪律好了，自习再没有打闹说笑的了，同学有心事都愿意和我唠，一切变得容易多了。

惩猫记

陆智杰

我从小就是个冒失鬼,做事常不考虑后果,为此吃了不少苦头。

幼年的时候,我住在外婆家。隔壁杂货店老板养的一只猫,别看它眯着眼躺在那儿,一副懒洋洋的样子,可偷吃邻居家的东西,却身手敏捷,俨然成了飞檐走壁的"大盗"。

每年春节前,外婆都会腌制咸鱼、咸肉,挂在屋檐底下风干,却三天两头被它叼走。这只猫尝到了甜头,也就常常光顾外婆家,虽然每次主人都向我们道歉,可它却毫无悔改之意。于是,我打算找个机会,好好教训这只馋猫,为外婆出出气。

一天,我拿了一块鱼做诱饵,蹑手蹑脚地走近它。开始,它瞪着两只眼睛警惕地看着我,等我把鱼肉扔了过去,终于经不住诱惑美滋滋地吃起来。这可是天赐良机呀,我猛地扑上去,把馋猫牢牢地按在地上,并踩着它的尾巴。吓得它"喵喵"地叫着。

我以为这只馋猫会记住教训,以后不敢再偷吃我们家的食物了。没想到,我刚松开手,它一下子窜到我的胸口,朝我脸上猛抓一下。顿时,一阵剧烈的疼痛,我摸了摸自己的脸,出血了!我坐在地上呜呜地哭起来,外婆奔了过来,赶紧送我去医院。

后来,每每别人知道我挂彩的缘由,都少不了取笑一番,别提有

多尴尬了。现在我已长大，回忆当年那件鲁莽的事，似乎还对天真、冒失的童年生活十分怀念，又不禁发出时间匆匆流逝的感慨。

与众不同的朋友

曹家妮

"书是人类进步的阶梯"，我是个爱书之人，自然也能体会对书情有独钟的那种感受。

小时候与书的一次"奇遇"，让我从此爱上了它。记得七岁那年，我还是个不认得字的小娃娃。一天，我看见一位大姐姐捧着一本书，里面印着五彩缤纷的图画，便对它产生了兴趣。我缠着妈妈给我买书，可妈妈对我说："宝贝，我带你去个好地方，那里有许多你喜欢的书，好吗？"

她带我来到了图书馆。

图书馆十分安静。"为了让大家静心读书，你可别大呼小叫哦！"妈妈提醒我。我点了点头，就挑选一本书坐到座位上，津津有味地看了起来。虽然看不懂字，但图画对我还是充满了吸引力。不知不觉中，我们在图书馆待了两个多小时，才依依不舍地离开了。

从此我爱上图书馆，一到双休日，便让妈妈带我去。因为我不认得字，从那时开始，妈妈就教我认字，使我学会了许多字。八岁那年，我捧回了第一本属于自己的书，简直如获至宝，不亦乐乎！以后，一本本书陆陆续续地进了我家，整齐有序地排列在书柜里，每看一次都能得到不同的收获。

　　书陪伴我一起成长，我们已成了形影不离的好朋友。我的书架上已被书挤得满满的，种类繁多，我和每本书都打过交道。小时候买的书，我也一直珍藏着，对我来说，它们都是我的至爱。我对书的痴迷，一生不变！

小山村的见闻

黄周行

　　妈妈的家乡是浙江诸暨的一个小山村。在我很小的时候，就听妈妈津津有味地讲起它，那里有美丽的山山水水，勤劳朴实的乡亲。它一直是我向往的地方，这天终于如愿以偿，妈妈带我到家乡的姑婆家去。

　　一下火车，我放眼望去，群山连绵不断，漫山遍野开满了映山红。弯弯的小河像一条透明的玉带盘绕，田野里一片绿色，农民伯伯正在田间耕作，几头老牛悠闲地在田垄吃着青草。空气甜甜的，香香的，带着泥土的气息。

　　姑婆家门口停放着一辆轿车，姑婆从轿车后面走了过来，笑呵呵地把我们迎进屋里，里面几个孩子正在看电视。我好奇地东瞧瞧，西望望，电冰箱、淋浴器、洗衣机，一应俱全。妈妈不是说这是个穷山村吗？怎么它和上海一样啊！

　　也许姑婆看出我的惊奇，笑眯眯地说："你们几年没来，没想到变化这么大吧？你看，以前烧饭用柴火，你妈小时候还常给我拉风箱呢，现在用上了煤气，干净又省力，更不用上山砍柴了。以前乡亲们只有过年过节才舍得杀只鸡，买点儿肉吃，现在哪家冰箱里不是装满了鸡鸭鱼肉？这里的人不光种田，更主要的是搞副业，外面停的轿车就是你舅舅跑运输的工具，还有呢，你自己慢慢看吧！"

妈妈自言自语地说："想不到，家乡的变化真大呀！"几天时间一晃而过，我们又要回上海了，我真有点儿恋恋不舍。这就是妈妈的家乡，也是我的家乡，我爱我的家乡。

我 和 同 桌

郭施雯

开学第一天，老师居然让我与蔡浩正同桌，真晦气！瞧他那副德行：矮个子，剃了个小平头，一双小眼睛，笑起来眯成了一条缝，活像个小泥鳅。

这不，他又在我耳边说废话，自讨没趣，被老师教导后，还不情愿地嘀咕："站就站！有什么了不起的！"老师看到他这副样子，问杨雪寅："你听到他嘀咕了什么吗？"杨雪寅如实对老师说了一遍，说话吞吞吐吐，老师显然不太满意："是啊，那你怎么婆婆妈妈的像个小女人！"话音刚落，班级里哄堂大笑。这时，蔡浩正也羞得满脸通红，可是没过几天，老毛病又犯了，真是不长记性，屡教不改！

那次班队会课上，蔡浩正忘记带小手册，他用胳膊轻轻碰碰我，说："我们能不能一起看小手册？"我瞥了他一眼说："做你的白日梦吧，我才不借给你看呢！"第二天，没想到我忘带砂橡皮，还真不巧，是语文考试。怎么办呢？我向其他同学借砂橡皮，最终没有借到，偏偏考试错了好几处，这下可惨了。蔡浩正肯定不会借给我，当初我没借小册子给他，现在真是有点儿后悔。可是……没办法，我只得小心翼翼地问："蔡浩正，你能借我砂橡皮吗？""行，拿去吧！"他爽快地答应了，我迫不及待地拿他的砂橡皮擦了起来。

考试以后，我满心歉意地对他说："真是太谢谢你了！昨天我不应该……""没事，不值一提，昨天的事我早忘了。"

我和同桌蔡浩正常常为一件小事争得面红耳赤，有时也会乐得捧腹大笑，真是一对欢喜冤家！

"啪——"？！

张炜哲

"啪——"爸爸突然打了我一巴掌，我顿时感到脸颊火辣辣的。"啪——"我也打了爸爸一巴掌，他居然十分开心。你猜这是为什么？再看看我的手，那掌心里竟然还打出血来了……

时值夏日，蚊子多了起来，我们一家三口回乡下爷爷家过周末。本是去共享天伦之乐的，可一个上午，我竟被蚊子叮出了好几个大包，痒得我难受至极。现在的蚊香毒性大，蚊子自然怕，可它也能危害到人体，所以大家觉得还是用纯天然的方法除蚊会好一些——手工拍打蚊子。

　　爸爸看书时，我来帮他拍；我看书时，爸爸来帮我打。可是，"嗡——嗡——"这讨厌的声音时不时地在我耳边响起，扰得我根本看不进去书。算了，还是先来个灭蚊大行动吧。

　　"哇，这么多蚊子！"仔细一找，房间里的蚊子还真不少，躲在暗处的不算，光是明处的，说有二十来只也不觉得夸张。它们有的盘旋于空中，有的休息于墙角，还有给人"扎针"的呢！"你们这群可恶的吸血鬼！"我拿起拍子打向墙角，几只蚊子便一命呜呼了。爸爸一下子跑过来，"啪"的一声打在我脸上。我捂住脸，委屈地问："你为什么打我？""你脸上有只蚊子，我帮你拍死它。"老爸连忙笑着解释。

　　"噼——噼——啪——啪——"忙碌了好一会儿，爸爸累得躺在了床上。我见状，心想：好家伙，看我怎么收拾你！我悄悄地走过去，一巴掌打在爸爸脸上，爸爸被我吓醒了。他怒气冲天地喊道："你这小子，竟敢打你老子！"我一边抬起沾着血迹的右手给爸爸看，一边嘟囔："人与人都是平等的，我们该互相帮助才对！"老爸这才明白，原来是一只蚊子落到了他脸上，我是乘其不备，在为他报仇雪恨呢！爸爸的脸色一下子由阴转晴，开心地说道："孩子，继续，人与人是平等的！"

　　接着，我们父子俩又开始了新一轮的作战。爸爸还在那呐喊助威："你敢叮我儿子，我打死你！"我也笑着跟一句："你敢叮我爸爸，我拍死你。"

我从哪里来

邓小亮

"哈！哈！哈！"院子里伙伴们正玩得开心。一个大姐姐问了大家一个很奇怪的问题："你们知道你们是从哪儿来的吗？"大伙儿都不说话了，平时自认为聪明的我也被这个问题难住了。我多么想知道这是怎么一回事啊！

晚上，凉风习习，爸爸骑着摩托车带着我和妈妈去兜风。趁着妈妈高兴，我壮着胆子提出了这个问题："妈妈，我到底是从哪儿来的？"妈妈回答："在河里漂着的一朵花中，躺着一个漂亮的小天使，那就是你了。"我问道："只要去河边就可以捡个孩子回来吗？"妈妈"扑哧"一声笑了，温暖的手不停地抚摸着我的头说："孩子，没有那么容易。首先要打一盆水，每天对着水盆说：'赐给我一个聪明的宝宝吧！'一个月以后，把水倒进河里，等到下一次涨水的时候去看，就会有一朵好大好美的花，花里就躺着一个乖宝宝。"听了这些话，我默默地想："多么神奇啊！怪不得大家都夸我比花还美。要是我有个宝宝，我不就也当妈妈了吗？"我又问："是不是哪一天涨大水了，我按照您的方法去做，我年纪轻轻就可以当妈妈了？多么有意思啊！到时你也可以当外婆了！"妈妈看着我，脸色有些不自然，足足想了一分多钟，才终于点了点头。

我是从花瓣里长出来的，伙伴们对我更崇拜了，因为他们不仅没有找到答案，还被爸爸妈妈臭骂了一顿。为了证明花瓣里能长出孩子，我还祈祷了一个月。每到涨水的时候，我总要去河边看看，可是每一次都让我失望到了极点，我一直以为是自己不够诚心，才没有得到小宝宝……

假如我是风

盖凯欣

假如我是风，我要去旅行，我要摸摸白云软绵绵的身体，要和雨滴一起飞舞，我还要为地球上的生物做出贡献。我会有什么样的奇妙经历呢？哇！我迫不及待地要出发啦！

我要飞到春天里，和小河边的柳树妹妹嬉戏。柳树妹妹很调皮。我想摸摸她嫩绿的新叶，她柔软的枝条却随风飘荡，不让我碰到她。我急了，皱起眉头，撅着嘴，一脚踢掉了她叶片上的一颗水珠。我着急的样子倒把她惹笑了。她抖抖浑身的水珠，噼里啪啦地溅了我一身水。我想把身上的水抖掉，却"呼"地带起一阵凉风，让柳树妹妹打了两个喷嚏。于是，我俩都笑了起来。

和柳树妹妹道别后，我飞到了夏天。火辣辣的阳光照耀着大地，人们虽然都穿着薄薄的短袖、短裤，但还是摇着扇子，汗流浃背。就连宠物狗也躲在阴凉处，伸着舌头，"呼哧呼哧"地喘着粗气。我飞过城市上空，立刻刮起一阵清凉的风。我看见人们停止扇动扇子，开心地说:"哇,刮风啦,好凉快呀!"

解除了人们的暑热,我很高兴,便飞到了秋天。我看见在一大片草坪边上,一棵小枫树顶着一树火红火红的叶子,非常显眼。我飞过去看她。可我发现,她并没有因为自己与众不同的美丽而开心,而是愁眉苦脸的。我关切地问她:"小枫树,你怎么了?为什么不高兴?"她叹了一口气说:"唉,你看,现在已经快入冬了,以前这个时候,我们枫树已经掉光了叶子,准备过冬了!可是今年总也不刮风,我的叶子还没有掉落,我很着急。"我听了,刮起一阵风,"哗啦啦"的响声过后,小枫树把她的叶子全抖掉了。她感激地望着我说:"谢谢你,风姑娘!"

最后,我来到了冬天。人们正在热热闹闹地准备迎接新年。可是,城市里的雾霾太严重了,能见度很低,空气中有一股刺鼻的气味,非常难闻。当地的一棵小松树告诉我,这几天空气流动缓慢,汽车排出的尾气和工厂烟囱冒出来的烟难以扩散,就形成了雾霾。于是,我在城市上空飞舞了一圈,污染物得到了扩散,城市又重见了蓝天。

虽然我知道,对整个世界来说,我的力量是有限的,是微不足道的,但是,我还是很高兴能为大家做出贡献!

做个才子真绝代

戴佳荣

"东武南城，新堤固，涟漪初溢。隐隐遍，长林高阜，卧红堆碧。枝上残花吹尽也，与君更向江头觅。问向前，犹有几多春，三之一。 官里事，何时毕。风雨外，无多日。相将泛曲水，满城争出。君不见兰亭修禊事，当时坐上皆豪逸。到如今，修竹满山阴，空陈迹。"

吟诵着你的词，我深深感受到你心中的那种复杂的情感，并为你折服。你在命运的路上遭遇了坎坷，却在文学史上谱写了壮歌。

东坡，早年你官至礼部尚书，且累迁中书舍人，地位是几人之下，万人之上。如果说人生就是走路，那么早年的你走的就是捷径。然而，你却失去了漫步在曲折小道上的情韵，失去了"居安思危"的思想，只拥有着安逸的生活之气与乐观。

王安石推行新法，你自请外放，从此，你一生的贬谪生涯开始了。就像从云端滑入深邃的幽谷。这段生涯，是你一生中最重要的一段时间，也是你最痛苦的一段时间。"问汝平生功业，黄州、惠州、儋州"，一生宦海浮沉，八次遭贬，在蛮荒之地达十二年之久，三任妻子都离你而去，幼子也死于你赴任的路上，你的弟弟苏辙与你同遭政治迫害，特别是在"乌台诗案"中，你险遭杀害……这对于你也许是一种残酷，但你却拥有了行走于挫折路上的别样风情。

　　你的词更加富有情韵，开创豪放派之先河；你的思想更加豁达，并以此作为你的精神支柱。面对春江月明，你吟唱："小舟横截春江，卧看翠壁红楼起。云间笑语，使君高会……"面对赤壁战场，你高诵："大江东去，浪淘尽，千古风流人物……"面对孤月在天，你哀叹："人有悲欢离合，月有阴晴圆缺，此事古难全。但愿人长久，千里共婵娟。"

　　你的经历的确令人扼腕叹息，但我并不因此为你唱哀伤的曲调。因为两宋多少词人，你是被人们最为铭记的一位。你的乐观精神直至九百多年后的今天仍令许多人敬佩。你一直未曾远离我们，或许，你正踏着滔滔江水，穿越千年凄寒的风，在世界的某个角落注视着我们这群现代人。